云南省社会科学界联合会 组编

“云南史话·世居少数民族系列”

编委会

彝族史话

李绍恩　编著

云南出版集团
雲南人民出版社

图书在版编目（CIP）数据

怒族史话 / 李绍恩编著 . -- 昆明 : 云南人民出版社 , 2022.3
（云南史话 . 世居少数民族系列）
ISBN 978-7-222-19171-6

Ⅰ . ①怒… Ⅱ . ①李… Ⅲ . ①怒族－民族历史－云南 Ⅳ . ① K286.3

中国版本图书馆 CIP 数据核字 (2021) 第 003060 号

出 版 人：赵石定
统筹编辑：马维聪
责任编辑：陶汝昌
责任校对：陈　迟
责任印制：代隆参
装帧设计：赵　丹

怒族史话
NUZU SHIHUA
李绍恩　编著

出　版　云南出版集团　云南人民出版社
发　行　云南人民出版社
社　址　昆明市环城西路 609 号
邮　编　650034
网　址　www.ynpph.com.cn
E-mail　ynrms@sina.com
开　本　720mm × 1010mm　1/32
印　张　9.875
字　数　138 千
版　次　2022 年 3 月第 1 版第 1 次印刷
印　刷　云南商奥印务有限公司
书　号　ISBN 978-7-222-19171-6
定　价　46.00 元

如需购买图书、反馈意见，请与我社联系
总编室：0871-64109126　发行部：0871-64108507
审校部：0871-64164626　印制部：0871-64191534

云南人民出版社公众微信号

总 序

七彩云南，气象万千。

这里东连黔桂，西邻缅甸，北靠川渝，南接越南、老挝，是祖国大陆通往南亚东南亚、出印度洋的枢纽和大通道。特殊的地理，悠久的历史，孕育了深厚的文化底蕴，创造了丰富多彩的灿烂文化，成为中华文化同南亚次大陆文化、东南亚文化交汇区域，是文化交汇、融合、多样性的现代范本。

这里山川纵横。横断山、哀牢山、无量山、云岭、乌蒙山等山系支撑起祖国西南辽阔的天空。这里碧水荡漾。滇池、洱海、抚仙湖、程海、泸沽湖、杞麓湖、异龙湖、星云湖、阳宗海等湖泊，像一颗颗璀璨的明珠，镶嵌在云南高原上。这里江河澎湃。金沙江、澜沧江、怒江、红河、南盘江、伊洛瓦底江等六大水系连通各民族共同的家园。这里是植物王国、动物王国、有色金属王国；这里气候温和、四季如春，是世界花园。

这里历史悠久。元谋人从170万年前的远古走来。战国中晚期庄蹻入滇，第一次连接了楚文化与滇文化。秦开五尺道、汉习楼船，云南正式纳入祖国版图。唐宋时期，南诏、大理国文化彪炳史册。元初正式建立行省。明清时期，云南经济社会得到长足发展。20世纪初，云南各族人民打响了护国起义第一枪，巩固了辛亥革命成果。在抗日战争中，几十万云南各族儿女征战沙场，扬我国威！西南联合大学谱写了世界教育史上的奇迹。

在这片红土地上，传承着红色文化基因。走出了王复生、王德三等早期马克思主义播火者；走出了无产阶级军事家罗炳辉，《中华人民共和国国歌》的作曲者聂耳，马克思主义大众化的中国第一人、我们党思想理论战线忠诚的战士和学者艾思奇。20世纪30年代，毛泽东率领中国工农红军长征过云南，播下了革命火种。40 年代后期，中国共产党领导下的滇桂黔边纵队与中国人民解放军，在极端艰难困苦的条件下英勇作战，迎来了新中国的诞生！

这一切，催生了一系列独具特色的历史文化：史前文化、古滇文化、哀牢文化、爨文化、南诏文化、移民文化、护国文化、抗战文化、西南联大文化、红色文化，等等。

这里是民族文化的富聚区，民族文化多样性的活态博物馆。25 个世居少数民族中有 15 个特有少数民族。民族文化丰富多彩、博大精深、底蕴深厚、特色鲜明。如彝族的毕摩文化，汉传、藏传、南传佛教文化，傣族的贝叶文化，纳西族的东巴文化，哈尼族的梯田文化，等等，还有各种各具特色的丧葬、婚姻、服饰、建筑、节日、歌舞、生态等文化形态。此外还有各民族长期以来相互交融、相互学习、共同发展而产生的综合性文化，如茶文化、医药文化、烟草文化、驿道文化、青铜文化、石刻文化等，异彩纷呈，不胜枚举。

云南各民族优秀文化是中华文化的重要组成部分，是中华文化的瑰宝，是中华民族文化大花园中的奇葩！在长期的历史发展中，在红土高原上，形成独具特色的历史文化、地域文化、民族文化，其突出特点是多样形态、多元一体、和谐共生。各种文化，相互交融。佛教文化、基督教文化和伊斯兰文化并存（即使在同一宗教内，不同派别也和睦相处，如同为佛教，藏传佛教、南传上座部佛教和汉传佛教，亲密无间）、儒释道文化并存、原生态文化与现代文化并存、多民族文化并存。

在经济全球化、文化经济化、经济文化一体化的今天，文化既是社会生活方式，更是一种社会生产力，是各民族共同的精神家园。在中国特色社会主义进入新时代的历史条件下，深刻认识文化的作用，把精神的力量转化为物质的力量，把文化的软实力转化为高质量发展的硬实力。

“观乎天文，以察时变；观乎人文，以化成天下。”（《易经·贲卦》）习近平总书记指出：“我们要坚持道路自信、理论自信、制度自信，最根本的还有一个文化自信。”“要坚定文化自信，推动社会主义文化繁荣兴盛。”“没有高度的文化自信，没有文化的繁荣兴盛，就没有中华民族伟大复兴。要坚持中国特色社会主义文化发展道路，激发全民族文化创新创造活力，建设社会主义文化强国。”这是党中央赋予我们这一代哲学社会科学工作者的历史使命！承担起新时代这一历史使命，必须在新的实践基础上，用中国特色社会主义文化引领，推动文化的创新发展；必须深入挖掘传统文化资源，从中吸取历史智慧，引导云南各族人民树立正确的历史观、民族观、国家观、文化观，推动传统文化创造性转化、创新性发展；还必须为各族人民提供丰富的精神食粮，不断满足人民对美好文化生活的新期待。

古人云：“虑不远不足以图大功，功不大不足以传永世。”云南省社科联为贯彻落实党中央关于繁荣发展哲学社会科学的重要部署，传承弘扬云南优秀传统文化，坚定各族干部群众文化自信，决定组织全省有关专家学者编撰出版“云南史话”系列丛书，分别为地方系列、民族系列、特色县市系列、民族文化艺术系列、重大历史事件系列5个部分，每套丛书出版20种，共计100种。这是一项规模宏大的系统工程，计划用5年左右时间完成。通过本套丛书，我们将深入挖掘云南文化宝贵资源，认真梳理云南文化发展脉络，总结云南文化发展的特点及其规律，讲好云南文化故事，把云南历史讲明白，把云南文化讲精彩，把云南文明讲透彻，把云南经验讲深刻，使云南各族人民能够从历史中吸取智慧，从文化中获得自信，从文明中得到滋养，从经验中得到启迪，以期为增强文化自觉、坚定文化自信、正确认识和把握云南在全国发展大局中的地位和作用，立足新发展阶段、贯彻新发展理念、构建新发展格局，开创云南高质量发展的新局面，不断把习近平总书记为我们擘画的蓝图一步步变为美好现实，谱写好中国梦的云南篇章。

是为序。

云南省社科联党组书记、主席　张瑞才

2021年2月

目　录

第一章　怒族源流/1

概述/1

民族称谓/5

迁徙历程/8

殊途同归/19

第二章　地域分布/23

地理环境/23

分布特点/38

分布村落/42

第三章　历史文化/49

语言文字/49

社会组织/60

建制沿革/83

习俗信仰/87

文化艺术/116

名胜古迹/155

第四章　发展进步/183

改天换地——云南怒族地区的和平解放/183

当家作主——云南怒族地区人民政权的诞生/188

欢欣鼓舞——党中央关怀怒族人民/201

曲折前进——“大跃进”、人民公社化运动与“文化大革命”/219

欣欣向荣——基础设施建设凯歌高奏、捷报频传/235

文化兴盛/243

第五章　未来展望/254

环境更美好/254

交通更畅达/258

文旅变支柱/262

百年梦成真/268

怒族历史大事记/276

参考文献/287

后记/297

第一章 怒族源流

概 述

打开我国地图，在祖国西南边陲，在莽莽横断山脉的最西部，世界著名河流澜沧江、怒江自北向南流过。我国56个民族之一的怒族自古至今就生活在怒江、澜沧江两岸。

怒族是一个富于想象而自信的民族。怒族先民受鸟儿踩踏树枝过河的启发就发明了猪槽船载人渡江；受蜘蛛布网的启发就创造了悬空过江的篾溜索……怒族祭司那荡气回肠的神歌和感天动地的祭词，还有那数不清的神话传说，犹如灿烂的灯塔照耀着峡谷漫漫的夜空。人们坚信祭司铜钟般的声音能感动九天之外的神灵，能召回患者失散的魂魄，能撵跑潜藏村寨的鬼怪，还能驱散天空的乌云，甚至还能与神灵妖魔对话……人们能歌善舞，奔放活泼，自幼会说话就会唱歌，会走路就会跳舞。人们说，怒族人用“达比亚”、弦子、若登弹唱的歌，鸟儿听了忘记寻食，白云听了忘记回家，泉水听了忘记赶路。唱歌跳舞是他们生活的重要内容，犹如空气阳光不可或缺。于是江河变得温顺，高山变得友好，峡谷充满生机。

怒族是一个豁达大度且幽默的民族。大家从不争强好胜，凡事礼让恭谦。若是心中有了怨气也可用吹笛、弹琴的方式向对方表白。甚至当事双方还用饮酒对唱的方式来诉讼论理。

怒族是一个善良博爱、热情怜弱的民族。怒族民间不分高低贵贱，见穷就助，见难就帮，见孤就养。人们待鳏寡优于父母，待孤儿视如己出，待弱残情同手足。千百年来，族人中从未有乞丐。这里处处充满着人间真爱，这里时刻盛开着善良的花朵。

怒族是一个团结友好、诚实守信的民族。继怒族之后，到澜沧江、怒江流域求生存、谋发展的民族日益增多。怒族由原来的一个民族独居进

而与多个民族共处。怒族讲团结、重友谊，与人相处共事尤其讲究诚实守信。怒族与傈僳族、独龙族、白族、普米族、纳西族、景颇族、藏族、彝族等兄弟民族相待如宾，情同手足，亲密无间。各民族互通婚姻，互助协作，在同一座山上狩猎，同一片林中采集；在同一块地里劳作，同一丘田里收割；在同一条河里摸鱼，同一山坡上放牧；在同一竹楼里跳舞，同一场院里对歌；在同一寺院里诵经，同一教堂里礼拜。大家语言相通，风习相随；饮食接近，服饰趋同；举杯共饮同心酒，成双成对荡秋千……这里昼不上锁，夜不闭户；非己不取，道不拾遗；人们一言九鼎，按约行事。

怒族是一个精忠爱国和勇于牺牲的民族。当土司横征暴敛时大家举起反抗的义旗；传教士愚弄民众、强占土地时大家组织民众讨伐共诛；农民起义中有怒族的刀光弩影；保卫片马的壮举中怒族人冲锋陷阵，痛击侵敌；抗日战争中怒族军人作战骁勇，为国捐躯；剿匪战斗中怒族同胞身先士卒，献身疆场。

怒族地区风光　摄影：彭义良

怒族是一个追赶太阳的民族。自古生活在著名的世界自然遗产“三江并流”奇观核心地带。这里多民族和睦共处，多文化和谐共兴；这里梵呗声声，经幡飘动，多种宗教和平共存。这里风光无限，风情万种，前景灿烂。这里被誉为“地形地貌博物馆、生物物种基因库、人类文明处女地、民族文化大观园”。这里是登山、探险及漂流勇士一往而无憾的天堂；这里是培养顶极摄影师和作家的天然实习基地；这里是原生态民族文化资源的盛产地；这里能使各路科学家空手而来，满载而归；这里能使投资兴业者左右逢源，宏图

大展。这里的年轻人乘着改革的东风，抓住开放的良机，继往开来，藏好祖辈传下的弩弓箭包，解下阿爸留给的腰刀绑腿，放下阿妈用过的背篓镰刀。为了追赶太阳，怒族青年们揖别父老乡亲，离开深山峡谷，走进科学殿堂，奔向城市沿海，一批又一批的大学生、文化人、务工者、实业家茁壮成长。

我们有理由相信，生活在这个“三江并流”美景之中的怒族人民，在实现了从原始社会末期向社会主义社会的跨越之后，如今又正行进在实现中华民族伟大复兴梦想的征程上，并且，还正在创造着无愧于时代的更加璀璨夺目的优秀文化。

民族称谓

一、自称

怒族是中国多民族大家庭中的一员，属人口较少民族。主要分布在云南省怒江傈僳族自治州的三县一市，即贡山独龙族怒族自治县、福贡县、

若柔妇女　摄影：李绍智

兰坪白族普米族自治县、泸水市。另外，云南省迪庆藏族自治州的维西傈僳族自治县和西藏察隅县也有少量怒族分布。怒族因分布地域的不同而形成了不同支系和不同的自称。分布在福贡县匹河怒族乡等地区（原碧江县匹河区）的怒族自称怒苏（nu^{44}　su^{33}），分布在福贡县上帕镇等地区的怒族自称阿侬（a^{31}　no^{31}），分布在贡山县的怒族自称怒（nu^{55}），而分布在兰坪县兔峨乡的怒族和泸水市鲁掌镇等地区的怒族则自称若柔（zao^{33}　zou^{31}）。于是，怒族内部就有了怒苏支系、阿侬支系、怒支系和若柔支系等四个支系。

怒苏妇女　摄影：亚莎

贡山怒族　摄影：罗金合

二、他称

不同民族对怒族的他称也不一样。汉族称怒族为怒子、怒人；傈僳族称其为怒扒、怒嚷；白族称其为侬子、侬波、侬蒿等；独龙族称贡山的怒族为阿怒；藏族称怒族为“kxa^{53}”。自唐至清的古文献中称怒族先民为庐鹿蛮、卢蛮、卢、潞蛮、怒夷、野夷等。

迁徙历程

一、史书记载

怒族也如同中华民族中的其他兄弟民族一样，历史久远，源远流长。怒族是今云南省境内怒江、澜沧江北段的古老民族，自怒族先民入住后这里的江才叫“怒江”，这里的山才叫“怒山”。这一点既有史书记载和怒族民间世代相传的口碑材料以及周围其他兄弟民族的迁徙传说所确认，也有考古发掘和国内许多民族学界、史学界专家的系统田野调查分析研究所证实。

汉代之前，有关怒族先民的情况没有任何记载。唐代之前虽有零星记载但显得十分宽泛，语焉不详。据《史记》载，古代氐羌族群为我国西部古老的游牧部落。自先秦至汉代，主要分布于今甘肃兰州以西、青海西宁以南的辽阔区域。怒族先民作为古代氐羌族群的一员（怒族支系怒苏曾经历了漫长的母女、父子连名族谱的历史。这与我国分布在大、小凉山的彝族的父子连名制完全相同。[①] 怒苏与今彝族中的诺苏有着共属于氐羌族群之一支的渊源），随氐羌族群的一支由北向南转而向西、向西北“随畜迁徙”，“逐水草而居”。经四川西部、南部的雅砻江、金沙江入滇到达滇西和滇西北一带（今丽江、大理、保山一带）。因入滇后怒族先民内部迁徙路线和方向不一，导致了怒族先民的第一次大离散。

从《华阳国志·南中志》的记载中推测，隋

① 李志恩：《怒族族源与迁徙》，见怒江州政协文史委编《怒江州民族文史资料丛书·怒族》，云南民族出版社2007年版，第28页。

朝之前怒族先民的一部分开始从分布在滇西大理、保山一带的“叟”“昆明”“鸠僚”等古老部落中分离出来，并继续向西、西北缓缓迁徙，进入怒江。《蛮书》卷二中有“高黎贡山在永昌西，下临怒江，左右平川”的记载。如以先有人而后得江名、地名来看，《蛮书》成书之前此处已有怒族人，尔后方有怒江、怒山之称。

又据《蛮书》载，北朝至隋，怒族先民陆续向大理、丽江一带集中迁徙。进入丽江一带的怒族先民与进入大理一带的怒族先民开始从乌蛮中分化出来并与顺蛮、施蛮等部落共同活动于滇西、滇西北各地。

738 年，唐朝封西南大酋帅蒙归义（即皮逻阁）为云南王。此后云南境内战事连绵，南诏地方势力兴起。据《新唐书·南蛮传上》所云，南诏势力最强盛的时候，其版图广及印度、东南亚各国，致使朝廷欲治而不能。乌蛮内部六诏间的争斗与中央政府对南诏的征伐加速了乌蛮集团内部的分化，加速了各部落迁徙的进程。由于经济、

政治、军事形势所迫，作为怒族主体从乌蛮集团分离出来的庐鹿蛮从丽江、剑川、大理一带西迁，来到了今永平、云龙、兰坪、维西的澜沧江两岸。《元史·地理志》卷十三对此做了如下记述："兰州，在澜沧水之东，汉永平中始通博南县，唐为'庐鹿蛮'部。至段氏，置兰溪郡，隶大理。"兰州属今兰坪县，博南属今永平县。庐鹿蛮及后来史称的卢蛮为怒族先民理当无疑。《元混一方舆胜览》中的"潞江，俗称怒江，出潞蛮"也反证了这一史实。"潞蛮"是汉文献中对怒族先民的别称。潞江是今保山以西潞江坝一带对怒江的称谓。据考证，怒族支系阿依和怒（阿怒）在隋唐时期的迁徙过程中，与怒族的先民主体逐步游离，先于主体进入怒江，并逐渐向北、向西迁移，长时期与当时在怒江流域活动的绣面、寻传、僧耆、裸形、金齿等部落接触、交流，后又融合了当地土著百越、濮系族群，形成了今日语言、文化等独具特色的阿依和怒两个怒族支系。他们自南向北陆续迁徙，慢慢地在今福贡架科底、鹿马登、上帕和贡山的茨开、捧打、丙中洛和西藏察隅县的察瓦龙等地定居下来。另外，福贡县匹河怒族乡普洛村怒族支系的怒苏老人能流畅地背诵六十四代母女、父子连名族谱，并确认自己的祖先在数十代以前是居住在丽江、剑川、兰坪一带的。到第二十一代时怒苏先民的绝大部分才从兰坪的澜沧江流域迁徙到怒江流域。至今已在福贡县匹河、子里甲一带居住了四十三代之久。由此推断怒族支系怒苏的先民至迟是唐末宋初年间迁徙到怒江流域的。怒苏先于怒族的另一支系若柔迁徙到澜沧江两岸，这是怒族历史上怒族先民的第二次大离散。从史书记载到民间口承传说，都印证了唐代居住在澜沧江两岸的庐鹿蛮就是今日怒族支系怒苏的先民。

怒族支系若柔是怒族支系怒苏迁离澜沧江两岸后约宋朝中后期迁徙到澜沧江两岸的。根据史书记载，若柔应与怒苏同源。其演变过程大致为：古氐羌族群—叟、昆明、鸠僚—乌蛮—庐鹿蛮、卢蛮—怒苏、若柔。

二、民间口碑

分布在贡山县的怒族支系怒的《创世纪》中讲到：古老的时候地上只有兄妹俩，十分孤独。为了繁衍后代兄妹俩费尽周折去四方寻找人类，却无任何结果。无奈之下只好顺从天意结为夫妻，之后生下了九对儿女。为了让这九对儿女繁衍人类，兄妹俩将装在竹筒里的水倒到地上，瞬间，奇迹出现了，地上的水变成了九条河。兄妹俩让他们的九对儿女各沿着一条河去繁衍人类……第八对儿女去了独龙江，变成了独龙族；第九对儿女去怒江变成了怒族。而藏族、傈僳族、景颇族、白族、彝族等则去了其他河流地带。

从这个传说中可以得到两点启示：其一，滇西、滇西北的多数民族远古时候是同源的，而独龙族与怒族的渊源关系则更近一些；其二，怒支系也是逐水草而居的，同样经历过漫长的迁徙历程。只是先民们更愿意让别人当自己是这里的古老主人，而不是外来客罢了。

据今天居住在独龙江的老人们说，他们的祖先很早以前是从丽江、剑川、兰坪等地陆续迁居到怒江流域的贡山一带，然后又分数支西迁到独龙江和恩梅开江上游。因此，这一带的独龙族人都说他们是从“出太阳的那个方向”搬迁来的。①贡山怒族则称他们的祖先是从福贡木古甲一带逐渐搬迁而来的。如贡山秋那桶的怒族由福贡县布西布拉迁来，先搬到二区茨开，然后迁到布西贡当，迁到一村已有四代的历史。第二村五里的怒族，由三区普拉底迁来。第三村王奇、杂达的怒族分别由秋那桶、怒江东岸双拉和怒江西岸秀楞迁来，而达拉和甲生怒族因藏族喇嘛的“乌拉”(差役）太重，迁到独龙江。今西藏察隅县察瓦龙地区松塔和龙普的怒族也是从贡山迁去的。

怒族支系怒苏中广泛流传着莫英充为氏族始祖的很多动人的神话传说。从史书记载看，怒族

---

① 《独龙族简史》编写组：《独龙族简史》，云南人民出版社 1987 年版。

支系怒苏是在唐代从丽江、剑川，渡澜沧江，越碧罗雪山后到达怒江两岸的。今天居住在福贡县普洛村的怒族老人自称他们是在二十一代祖先时，从兰坪县的弥洛衣地方迁居到怒江的，并流传着一个从丽江迁居怒江的传说。相传，怒族最早的祖先叫阿铁。阿铁与妻子伊娃原来居住在丽江，房屋门前有棵树，结有黑色的果子。人们说这棵树是鬼栽的，结的果子不能吃。但阿铁夫妇不信，悄悄地吃了树上的果子，不幸伊娃很快死了，于是大树变为人，并把自己的姑娘嫁给阿铁为妻，还送给他们夫妇二人一只竹篾筐。不久，世上洪水淹没大地，冲毁了房屋，只有阿铁夫妇因乘了竹筐，能够漂浮水面，幸免于难。洪水退去后，他们已漂到澜沧江边。在此生下了四男四女，其中一对到了俅江（独龙江），不久，阿铁也迁到了怒江的普洛和果课。当时已有两个氏族居住在怒江，一个是“麂子”氏族，一个是“黄蜂”氏族。阿铁来后，“麂子”氏族便迁往俅江，只剩下“黄蜂”氏族。另外，原碧江县二区怒族的

《送魂词》中把死亡者的灵魂送回丽江，其路线为：洋英达、子里甲、甲门修紫、亚谷、阿哈图、老母登、知子罗，往东到关莱安、匹河中流，顺河而上，经匹河山垭口、碧罗雪山、澜沧江边，从澜沧江顺江北上，到小格拉。这与明代天启《滇志》中所载“怒人，其俗好杀，惟丽江有之”相符。进一步证实了怒苏先居丽江，后迁入兰坪，又从兰坪县营盘镇一带翻越碧罗雪山，到达知子罗等怒江两岸的可信性。

怒族支系若柔是怒族支系怒苏迁离澜沧江两岸后约宋朝中后期迁徙到澜沧江两岸的（根据史书记载，怒族支系若柔应与怒苏同源。其演变过程大致为：古氐羌族群—叟、昆明、鸠僚—乌蛮—庐鹿蛮、卢蛮—怒苏、若柔）。根据若柔老人讲述，他们的祖先原来居住在大理洱源一带，后经洱源进入云龙十二土巡查（民间称十二关，在今之云龙县长兴一带）来到云龙县表村乡、兰坪县兔峨乡的澜沧江边居住。而在若柔到来之前，这一带先后已有傣族先民百衣和景颇族、阿昌族

支系浪峨以及怒苏先民庐鹿居住（“文化大革命”时期，人们开挖梯田时，在兔峨村附近的山坳上挖出不少火葬骨灰罐，现在也仍有不少埋在山坳里。这与这些土著人历史上曾盛行火葬相吻合）。百衣、浪峨和怒苏先民向西南、西北方向迁徙后，若柔与当地另外的土著部落融合（当是怒苏西迁后遗留的蜂、荞等氏族）。若柔进入澜沧江两岸的时间较怒苏晚，但又与怒苏西迁怒江流域后的遗留氏族融合，这当是若柔与怒苏在语言上有亲缘关系但又有明显区别的缘由。若柔称早已西迁到怒江地区的怒苏为“嵝博苏”（即讲“嵝”话的人，“嵝”与“鹿”“龙”发音相近似）。自明清以来，白族、傈僳族、汉族陆续入住澜沧江两岸地区，出现了他们当中有的被若柔同化，有的若柔又被后来者同化的情形。于是，若柔的姓氏也与汉族、白族无二。

我国怒族的四个支系中都有记述本支系发展历史的族谱。而怒苏支系中流传的母女、父子连名族谱比较完整，影响最为广泛。其中，有匹河怒族乡知子罗村怒族老人诵的六十四代家谱，有色德村蜂氏族四十一代家谱，有托平村多个氏族四十五代族谱，有普洛村蜂氏族六十三代家谱，还有老姆登村流传的七十八代家谱。这些不同村落、不同氏族的家谱，都有一个共同点，都把莫英称作为第一代，都作为本氏族的始祖。现在，人们把六十四代族谱作为相对统一的了解怒族历史传承的蓝本。

福贡县匹河怒族乡怒苏六十四代母女父子连名族谱[①]：

(1) 茂英充　(2) 充罗并　(3) 罗并都
(4) 阿都都　(5) 都沙波　(6) 沙波必
(7) 必那扎　(8) 那扎郁　(9) 郁那比
(10) 那比欢　(11) 欢民洁　(12) 民洁博
(13) 博以简　(14) 以简喷　(15) 喷阔勒
(16) 阔我邓　(17) 我邓报　(18) 报息辽

① 李卫才、罗沙益《怒族怒苏家谱》，怒新出图书〔2015〕准印字第21号。

（19）息辽威	（20）威威秋	（21）秋威山
（22）山壳洛	（23）壳洛希	（24）希麻奴
（25）麻奴今	（26）今狂生	（27）狂生底
（28）底腊马	（29）腊马独	（30）独腊里
（31）腊里瓜	（32）瓜息跃	（33）息跃杯
（34）杯寒该	（35）寒该土	（36）土南亚
（37）南亚巧	（38）巧丙六	（39）六丙夸
（40）阿夸夸	（41）阿林林	（42）林普怎
（43）怎拉马	（44）拉马底	（45）底拉巧
（46）巧卫秋	（47）秋拉汇	（48）汇秋秋
（49）恒布纳	（50）纳号托	（51）四果郁
（52）木簇彪	（53）彪亚怎	（54）怎麦特
（55）特腊阿	（56）阿腊卫	（57）腊　俊
（58）腊　司	（59）拉　卫	（60）拉　恒
（61）毫　果	（62）者　鲁	（63）拉　扒
（64）阿　纳		

殊途同归

纵观史书记载和民间丰富的口碑资料，怒族内部尽管支系有别，迁徙的路线有别，入住澜沧江流域、怒江流域的时间不同，使用的语言不同，但有一点却是一致的、共同的——怒族各支系的先民都源于古代氐羌族群，都从祖国的大西北经过漫长的、波澜壮阔的迁徙历程之后来到了云南的大西北。

根据史书记载与民间口承传说，怒族四大支系——阿侬、怒、怒苏、若柔的族源关系可大致描述为：（1）古代氐羌族群—叟、昆明、鸠僚—潞蛮、野夷—阿侬、怒；（2）古代氐羌族群—叟、昆明—乌蛮—庐鹿、卢—怒苏；（3）古代氐羌族群—叟、昆明—乌蛮—庐鹿—若柔。因怒苏、若柔与乌蛮共处时间长，虽然语言不能互通（相同、相近词汇占40%左右），但都属彝语支语言。而阿侬、怒与乌蛮接触时间短，又与早期在怒江流域游动的其他古老族群接触交往频繁，二者的语言在语支划分上，与怒苏语、若柔语差异较大，同属景颇语支语言。

贡山县和福贡县的怒族在其自称中都有一个“怒”或近似“怒”的“侬”或“龙”的发音，

根据自称的发音和民族学家、史学家对怒族各支系族源的研究，在征得本民族代表同意的基础上，在中华人民共和国成立之初，就首先把自称为怒苏、怒、阿侬的各支系群体正式确定族称为怒族。又于20世纪50年代中叶把分布在兰坪县兔峨乡和泸水市鲁掌镇自称为若柔的支系（因“若柔”二字的发音与古代“庐鹿”接近，与怒苏在历史渊源空间分布上的邻近关系等，又与白族、傈僳族对若柔的称谓关系等因素）也划归为怒族。

20世纪50年代中后期开展对少数民族社会历史调查和后来专家学者到若柔地区做田野调查时对若柔的自称有过几种不同表述。如云南民族学院的许鸿室教授写作“嚅嚅”，中国社会科学院民族所著名语言学家孙宏开教授写作“柔若”，另外还有学者写作“若若”等。这些都是对居住在兰坪兔峨乡和泸水鲁掌镇的怒族群体自称的“若柔”的不同表达。这里需要说明，“若”可直译为小麦（也可解释为土的、本地的意思），“柔”是人的意思。

兰坪怒族田园 摄影：李绍智

贡山怒族村落 摄影：彭义良

第二章　地域分布

地理环境

怒族人民自古依山为乐，近水为喜。在他们的心目中，不曾翻越高峰峻岭则非英雄，不敢划船过溜即非好汉。“险峰挡不住，野水太等闲”是他们世代崇尚的英雄气概。于是，在他们那里，咆哮的江河变得温顺，崎岖的山腰成了乐园。

一、风光无限

云南省怒江傈僳族自治州是我国怒族的大本营。其人口总数的92%都分布在怒江州的贡山县、福贡县、兰坪县和泸水市。

云南怒族的聚居地位于东经98°09′~99°39′，北纬25°33′~28°23′之间，北靠西藏自治区察隅

怒江第一湾 摄影：丰卫祥

县，东连云南省迪庆藏族自治州、丽江市、大理白族自治州，南邻云南省保山市隆阳区，西与缅甸毗邻。其地势北高南低，整个地貌由巍峨高耸的山脉与深邃湍急的江河构成。其间有切割很深的怒江、澜沧江峡谷。与傈僳族、独龙族、藏族、白族、彝族等兄弟民族杂居于海拔1200～2000米之间“两江”河谷的小块冲积扇、冲积堆、冲积裙以及山腰台地上。

怒江州境内的怒江峡谷长320公里，平均深度约2000米，被誉为东方大峡谷、神秘大峡谷。

澜沧江大湾 摄影：李绍智

澜沧江峡谷段长 130 公里。怒江和澜沧江分别发源于青海省唐古拉山南麓和唐古拉山北麓。由于怒江主断裂和澜沧江主断裂贯穿怒族的分布地，“两江”的两侧还有许多派生的纵横小断裂，致使怒族地区的地质、地形十分复杂。怒江州境内海拔 4000 米以上的山峰就有 40 多座。其中最高峰为高黎贡山楚鹿腊卡峰（贡山怒语称作嘎瓦嘎普峰），海拔 5128 米，山顶终年积雪，有长约 3 公里的现代悬冰川。怒族地区有三大山脉，即高黎贡山山脉、碧罗雪山（怒山）山脉和云岭山脉，形成了群峰峥嵘、湖泊众多、林海连绵、巍峨壮丽、雄奇秀伟的景观。

20 世纪 80 年代，一位联合国教科文组织的官员在一张卫星遥感地图上惊异地发现，在位于东经 98°~100°30′，北纬 25°~29°的地区有三条大江并行奔流达 170 多公里，这便是位于青藏高原南延至滇西北横断山脉纵谷之中的金沙江、澜沧江和怒江，这就是闻名于世的“三江并流”奇观。其中，澜沧江与金沙江最短直线距离为 66 公里，澜沧江与怒江的最短直线距离不到 19 公里。

“三江并流”地区特殊的地质构造、欧亚大陆最集中的生物多样性、丰富的人文资源、美丽神奇的自然景观使该地区成为举世唯一的、独特的世界级奇观。2003 年 7 月 2 日，联合国教科文组织第 27 届世界遗产大会一致决定，将中国云南省西北部的“三江并流”自然景观列入联合国教科文组织的《世界遗产名录》。而怒族是“三江并流”自然遗产核心区域的古老居民。

怒族聚居地的怒江峡谷东有碧罗雪山，西有

高黎贡山；澜沧江峡谷东有云岭山脉，西有碧罗雪山。江与山南北蜿蜒，三山夹两江，千峰林立，万壑鳞栉。怒江两岸的山岭海拔多在3000米以上，因落差大，水急浪高，十分壮观。因两岸山岩多危崖，又有“水无不怒石，山有欲飞峰”之称。怒江每年平均以黄河1.6倍的水量像骏马般奔腾向南，撞击出一条山高深谷、奇峰峻岭的大峡谷——怒江大峡谷。峡谷东侧是海拔4000多米的碧罗雪山山脉，西侧是海拔5000多米的高黎贡山山脉，峡谷底部的江面宽仅几十到百余米，而顶部却宽达10~20余公里，垂直落差达2000余米。大峡谷在群山中蜿蜒回旋六七百公里却始终保持与地理坐标平行，可谓是地球上罕见的地理奇观。

二、资源富集

怒族的居住地多依山傍水。眼前江水奔流，村旁鸟语花香，溪水潺潺，万木葱茏，林海莽莽，环境优美，气候宜人，资源极为丰富。

（一）矿产资源

云南怒族所居各县（市）地质结构复杂，成矿条件优越，各种矿产资源富集，种类齐全，是澜沧江、怒江、金沙江“三江”的重要成矿带，有色金属矿产资源极为丰富。据初步勘探，已发现各种矿藏28种，矿床点294个，其中小型以上矿床27处。主要金属有铅、锌、银、铁、锡、金、钨、铍、汞、钼、铂、镍、锑等。

怒江大峡谷有巨大的大理石、花岗石矿产储量，主要分布在300多公里长的峡谷两岸。其中，大理石储量达43.7亿立方米，花岗石储量达125亿立方米，潜在经济价值在1000亿元以上。主要品种有汉白玉、羊脂玉、雪花白、雪里翠、贡红、贡翠、墨玉石和印度红等。

（二）水能资源

怒江、澜沧江两大河流流经怒族聚居地区。怒江在怒江州境内长320公里，天然落差640米，河道平均坡降为2‰，年平均产水量为87.53亿立方米，加上从西藏入境水量408.9亿立方米，共

计496.43亿立方米，流出境的年平均流量为1664立方米/秒。按可利用率84.4%计算，水能蕴藏量为741亿度/年。有关资料显示，可建4个大型梯级电站，装机总容量为1180万千瓦。

澜沧江在怒江州境内长130公里，河道平均坡降1‰，年平均产水量为24.58亿立方米，加上从维西县入境水量265.21亿立方米，共计289.79亿立方米，流出境的多年平均流量为943.7立方米/秒。按可利用率90%计算，水能蕴藏量为92.2亿度/年。可开发建设大型梯级电站。目前，怒江州境内澜沧江段的水电开发工作正加紧推进，兰坪澜沧江黄登电站和兰坪澜沧江大华电站建设正处于高潮阶段。除“两江”之外，怒江州境内还有流量在0.3立方米/秒以上的一级支流83条，水能蕴藏量为162万千瓦，可开发的水能资源装机容量为70万千瓦。

（三）生物资源

怒族集中分布在怒江州属泛北极植物区系和古热带植物区系的交汇地带，是中国喜马拉雅山植物亚区。所以怒族地区植物种类新老兼备、南北混杂、丰富多彩，容纳了寒温性、温性、暖性、暖热性等植物类型，成为地域性植物类型组织最为丰富的地区，其植物带谱成为我国从南到北的缩影。因此被誉为植物王国的明珠、天然植物的基因库，长期以来为国内和世界各植物学研究者所瞩目。

云南怒族地区植物种类繁多，已知的高等植物就有200多个科680余属3000多种。

天然分布的国家级保护植物在怒族地区有42种（多数为乔木树种）。一级保护植物有距今约2.3亿年古代真菌植物的孑遗，被称为陆生植物活化石的桫椤（俗名树蕨）；有我国特有的珍稀孑遗裸子植物树秃杉（又名楮杉）。

著名观赏植物有报春花59种，绿绒蒿6种，百合科8种，龙胆科34种，禾本科67种，菊科41种，兰科植物兰花就有148种。

食用植物有蕨菜、野蒜、竹叶菜、山药、地衣、树衣等。食用菌有松茸、羊肚菌、猴头菌、

香菇、金耳（黄木耳）、银耳（白木耳）、牛肝菌等数十种。

药用植物资源种类繁多，蕴藏量丰富。据1984年至1988年普查，已知中药材资源356种，其中药用植物有314种。全国药材资源76个重点保护品种中，怒江州有51种。

不仅野生药用植物丰富，家种药材也有一定发展，草果、当归、杜仲、云莲、胡黄连、板蓝根、秦艽、重楼、黄草等正在扩大种植面积。

优越的自然条件，为各种经济林果生长提供了广泛的适宜环境。果梅、木瓜、漆、核桃、厚朴、樱桃、花椒等分布于各地。许多经济林木种植历史悠久，碧江金漆、福贡油桐、福贡匹河老姆登茶、贡山丙中洛瑞士板栗、兰坪县兔峨乡极品级的依主梨、腊马登石榴、青菜坪和江末的黄果、小村和吾批江的枇杷等，已形成一定规模，远销省内外。目前，已有人工营造红豆杉药用基地上万亩，草果20万亩，核桃50万亩，漆树15万亩，重楼3万亩。

（四）动物资源

高黎贡山戴帽叶猴 供稿：怒江州林业局

怒族地区特殊的自然环境为各种动物的生长繁衍提供了适宜条件，这里动物资源丰富，种类繁多。据中国科学院昆明动物研究所多次考查，已知鸟类 284 种（鸟类中有 32 种为中国保护候鸟，8 种为世界濒危种）、兽类 128 种、爬行类动物 30 种、两栖类动物 30 种、鱼类 44 种。国家保护动物，怒族地区分布有 61 种，其中一类保护动物 20 种，二类保护动物 41 种。中国最珍贵稀有的动物有戴帽叶猴、羚牛、赤斑羚、大鼯鼠、黑

羚牛——高黎贡山指名亚种　供稿：怒江州林业局

鹛、灰腹角雉等。

据1979年怒江州森林病虫害普查记载，怒族地区有森林昆虫20目141科1021种（含未定名称），云南省森林资源调查管理处的专家还在怒江境内收集到蝶类昆虫9科45属62种。已知的爬行动物有30种，分隶2目6科19属，有高原蝮、美姑脊蛇等。已知的兽类资源有128种，隶属9目27科，主要有野牛、野驴、羚羊、岩羊、小熊猫、小灵猫、孟加拉虎、龟纹豹、金钱豹、黑熊、旱獭、金丝猴、白眉臂猿、穿山甲等。已知的鸟类资源有 284 种，分隶 41 科 138 属，主要有孔雀、绯胸鹦鹉、红腹角雉、火尾绿眉、乌鸡、太阳鸟等。

（五）森林资源

针阔混交原生林 供稿：余建春

云南怒族地区森林主要分布在高黎贡山、碧罗雪山山脊两侧和澜沧江云岭山地的中上部以及担当力卡山东侧的深山峡谷之中。怒江州有林地面积 64.895 万公顷，森林覆盖率 44.1%；灌木林地 16.344 万公顷，覆盖率 11.1%；有林地和灌木

林地总覆盖率 55.2%。有林地面积中有用材林 7.385 万公顷、防护林 35.002 万公顷、薪炭林 0.272 万公顷、经济林 0.631 万公顷、特种用途林 20.07 万公顷、竹林 1.299 万公顷。用材林树种以冷杉、云南松、云杉、铁杉为最多。

怒江原始森林　供稿：余建春

怒江全境优势树种主要有云南松、冷杉、云杉、铁杉、华山松、落叶松、高山松、桤木、桦木、油杉、秃杉、山杨、高山栲、栎类及软硬阔叶树等。

（六）旅游资源

中国的怒族人口约92%分布在怒江州各县（市），而怒江独特的地理位置和地形地貌决定其拥有无比丰富的旅游资源。世界自然遗产“三江并流”景区最核心、最壮观、最诱人、最刺激的地段在怒族分布最集中的怒江州境内。举世罕见、高耸入云的福贡“石月亮”景观，“三教”（天主教、基督教、藏传佛教）并存、多民族和谐共处、人神共居的世外桃源——丙中洛，仙境般的村落——翁里，“白汉罗教案”发生地——贡山捧打，幽静神秘的福贡县匹河天外巨型飞来石，福贡腊斯底崖画，举世无双的福贡民间风情“沙滩理情人”，全国著名索道医生邓前堆工作地——石亮乡拉马底，油桐之乡——上帕，滇西雨都——丹当，怒族生态文化村——老姆登，雾都茶乡——老姆登茶厂，记忆之城——知子罗，罗氏土司衙署所在地——兔峨……旅游资源之富集真是不胜枚举。人们可根据个人或团队之兴趣爱好，开展探险、科考、漂流、攀崖等活动，也可作自

然旅游、民族风情体验旅游、红色旅游。

（七）自然保护区

怒江高山湿地　供稿：余建春

怒江州境内自然保护区有两个，一个是国家级的高黎贡山自然保护区，另一个是涉及怒族地区的怒江自然保护区，2000 年 7 月升级为国家级自然保护区。两个国家级的自然保护区总面积为 418315 公顷，占全州面积的 28.45%，占云南省自然保护区面积的 19.86%。

分布特点

为了躲避战事和瘟疫，反抗剥削压迫以及适应游牧狩猎的生产生活习惯，怒族先民跨越千山万水，历经千难万险，从祖国的西北迁徙而来，最后定居于云南的西北。因此，怒族所面临的自然环境决定了怒族的分布具有其明显的特点。

一、耕地面积决定村庄规模

村庄的大小、人口多少完全取决于周围土地的多少。怒族地区很少有几百户人家的村庄。某个河谷地段或山腰周围若可开垦 30~40 亩土地，这里的村庄规模也就能分布十来户人家共 30~40 人；若是能开垦出 70~80 亩土地，这里可能就会出现一个 30 多户人家的村庄。能够开垦出几百亩土地的地方较少，所以，在过去最大的怒族村庄也不会超过百户人家。当然在怒江、澜沧江两岸也有几百亩田地的区域，但因怒族先民势单力薄，即便一时占有，最后也被强势民族掠为己有。这也是怒

怒族民居　供稿：丰卫祥

族村庄规模不大的一个重要因素。

在中华人民共和国成立之前，除兰坪县怒族支系若柔地区村庄规模较大以外，怒江峡谷的怒族地区的村庄有 5~6 户、10 多户、20~30 户的，也有 40~50 户的，但不到 30%。很多村庄充其量也就是个居民点。

二、氏族规模决定村庄规模

怒族氏族意识很强，氏族的纽带作用也很强。这一点时至今日也还一阵阵地散发着余热。比如，同一氏族（或家族）公共墓地或墓地周边的共有古树一旦遭到外氏族（或家族）成员侵害时，本氏族的人会与被拥为氏族尊者的人共商，向侵害方讨个说法。如果氏族（或家族）内部成员之间发生纠纷而不能调和时，往往也希望本氏族中的尊者出来说句公道话。

基于上述的原因，在过去的漫长岁月里，怒族村庄，往往是一个氏族或者血缘关系比较近的两个氏族构成。一方面是氏族首领不准他的成员离群索居；另一方面是氏族成员也不愿意脱离所属氏族（当然因违背族规犯事而被驱逐的情况除外）。这样在分布特点上就表现为氏族越大村庄规模就越大，村庄规模越大其中的氏族人丁越兴旺，势力也就越大。氏族势力强弱、人丁多寡与村庄规模往往是成正比的。

三、地势决定村址，决定村庄的久暂

怒族人家的村庄怎样选址以及这个村庄存在的久暂是由地势决定的。在选择村址时，人们特别关注以下几个方面：一是避开村前有悬崖，以

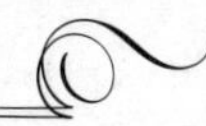

免人畜坠落；二是避开村后有悬崖，以免坠石伤及人畜，砸坏房屋；三是避开山洪隐患之地，以免遭遇不测；四是避开村旁有岩洞，以免潜藏的猛兽毒蛇袭击人畜。最理想的地势则是基础坚实、通风防潮、视野开阔的山腰台地。

四、聚居多，杂居少

怒族人家的村庄主要是以同一氏族（家族）成员构成的，因而是同一氏族成员聚居，没有特殊情况一般不会与其他民族混杂而居（同一氏族、同一民族聚居的村庄占全部怒族村庄的75%左右）。中华人民共和国成立以后，杂居的情况逐渐多起来：一是在过去的合作化运动和人民公社体制下，把过于分散的农户和劳动力集中起来；二是现在为了改善人们的居住环境和生活条件需要搬迁集中；三是随着将来移民建镇工作的推进，单一民族聚居某个村庄或某个民族集中连片聚居的现象在怒族地区会发生较大变化。

分布村落

一、贡山县怒族分布村落[①]

丙中洛镇秋那桶村：秋那桶（村委会）有怒族27户130人，能苏（独家村）有怒族1户5人，初干有怒族30户127人，害贡学有怒族3户10人，吓卡有怒族2户11人，贡卡有怒族32户136人，麻马汪有怒族10户56人，嘎卡当有怒族6户35人，挡卡入有怒族1户5人，尼大当有怒族18户89人，碧往有怒族15户70人，石普有怒族17户87人，翁里有怒族40户179人，甲浪挡有怒族6户29人。

丙中洛镇甲生村：甲生（村委会）有怒族18户104人，四季桶有怒族11户47人，南木开有怒族16户70人，形它有怒族16户76人，秋科当有怒族9户40人，重丁有怒族17户68人，日旺不烂有怒族8户42人。

① 村落名称、人口截至2014年。

丙中洛村：丙中洛（村委会）有怒族7户39人，扎拉桶有怒族19户104人，斯妮当有怒族8户52人，孜当有怒族12户57人，打拉有怒族28户123人，王斯有怒族18户108人，旺当有怒族9户51人。

丙中洛镇双拉村：双拉（村委会）有怒族50户212人，茶腊有怒族32户154人，木利咋有怒族2户19人，酱统有怒族25户165人，酱龙有怒族18户99人，龙拱有怒族10户58人，下卡有怒族43户179人，毕孔仁有怒族19户86人，比毕里有56户295人，达龙岗有怒族6户33人，迪任保有怒族17户61人，五组有怒族6户28人。

捧打乡迪麻洛村：秋麻塘（村委会）有怒族4户20人，芒滩有怒族3户15人，铺拉有怒族23户116人，能过当有怒族10户43人，鲁泡有怒族6户24人，才当有怒族6户24人，太当有怒族37户169人，卡当有怒族37户169人，卡当有怒族2户15人，布卡藤有怒族2户13人，白汉洛有怒族22户126人，巩旺当有怒族8户32人，司娘当有怒族15户73人，初尼有怒族3户18人，莫凌有怒族13户59人，格浪嘎有怒族18户73人，贡嘎有怒族13户55人。

捧打乡闪当村：闪当（村委会）有怒族29户134人，乌机娃有怒族5户31人，吉木斗有怒族20户100人，龙真有怒族10户41人，捧打有怒族45户115人，嘛咱挖有怒族18户89人，龙坡有怒族8户44人，格咱有怒族6户25人。

捧打乡永拉嘎村：永拉嘎（村委会）有怒族6户32人，赤科底有怒族1户2人，末坡高山有怒族30户105人，末坡江边有怒族2户8人，粗卡底有怒族9户44人，洛穷底有怒族6户24人，孜当有怒族8户24人，赤科有怒族31户139人，迪夹有怒族6户30人。

茨开镇双拉娃村：双拉娃（村委会）有怒族12户46人，黑娃底有怒族22户85人，森当有怒族2户9人，其期有怒族4户18人，珠利当有怒族3户23人，娃土底有怒族2户8人。

茨开镇的吉速底村：慈凌（村委会）有怒族2户5人，黑娃底有怒族20户45人，卡力当有怒族3户5人。

茨开镇嘎拉博村：黑妈（村委会）有怒族40户190人，其郎当有怒族9户35人。

茨开镇丹珠村：依觉（村委会）有怒族10户41人，打所有怒族6户30人，补当有怒族2户10人，丹珠有怒族6户19人，依玛洛有怒族8户20人。

二、福贡县怒族分布村落①

匹河乡：（1）果科村除果科、仁刀、欧连、托果、腊户都、阿加王底均与傈僳族杂居，腊斯底有一户怒族；（2）普洛村除腊块腰、腊扒腰、麻子一窝、块连底、哈达、托块外，扛代交、达科、白泥土与其他民族杂居；（3）知子罗村除色抗则外，上村与其他民族杂居；（4）老姆登村除布来外，月亮田、防干、红旗、一中、茶场均怒

① 村落名称截至2017年10月。

族居住；（5）沙瓦村托克扒、沙瓦、子愣、如此、涛嘎、子愣河、指挥田均怒族居住；（6）瓦娃村空通、瓦娃、友夺洛均怒族居住；（7）棉谷村上、下棉谷均怒族居住；（8）架究村米交、鲁门、架究、吾牙婆、路依日、茶比录、来同均怒族居住；（9）托坪村桥交、托坪、色德、纳甲均怒族居住。

子里甲乡：加怒、加车、嘎达；

架科底乡：架科、南安甲、银江、达悟底；

上帕镇：木古甲、几子洛；

鹿马登乡：布拉底、鹿马登；

石月亮乡：利沙底、子果朵；

马吉乡：旺季杜。

三、泸水市怒族分布村落①

泸水市的怒族分布于：鲁掌镇浪坝寨村委会的水利寨有近300人，六库镇瓦姑村委会的三家村有30人左右。

① 村落名称、人口截至2014年。

四、兰坪县怒族分布村落[①]

兰坪县的怒族主要分布在兔峨乡。其余分布在果力村委会的果力村、松灯村，兔峨村委会的兔峨村、小村、吾匹江、碧鸡岚，江末村委会的江末村、青菜坪村。上述村庄共有怒族 3100 多人。

怒族若柔村落　摄影：刘开第

五、其他地区怒族分布村落

西藏自治区察隅县察瓦龙乡的 3 个村，即龙

① 村落名称、人口截至 2014 年。

普松、塔和门工，共分布有怒族人口287人。①

迪庆藏族自治州维西县有怒族分布村落②，维西县的怒族主要分布在该县白济汛乡的碧罗村，共48户256人。其中，205人都是姓怒，如取名为怒学良、怒扒咱、怒然开等等。

①② 村落名称、人口截至2014年。

第三章　历史文化

语言文字

一、怒族的语言

语言是一个民族的重要文化遗产，语言是识别民族的重要标志。在没有文字的情况下，语言是一个民族历史文化的载体和传承工具。从 20 世纪 30 年代起，怒族语言的研究引起了国内外专家的重视，从目前掌握的资料看，最早研究怒族语言的是外国学者。

例如，巴诺德（J. T. G. Barnard）著《怒语俚语手册》，1934 年出版，该书第一部分为文法，第二部分为例词，第三部分为词汇。附录《怒族：

体格、宗教、生死仪节、装饰艺术》。①

国内研究怒族语言的学者，第一个发表论著的是罗常培先生。他的《贡山怒语初探绪论》刊在《边政公论》第二卷第十二期（1944 年）。②此后，本着对怒族人民的热爱和关切，以严谨的学风和渊博的知识对怒族语言做长期深入研究的专家学者有：我国著名语言学家、中国社科院学部委员、民族所孙宏开教授；中国社科院民族所刘光坤教授；已故语言学家，民族文化、历史著名学者段伶先生；著名语言学家，中央民族大学教授、博士生导师罗自群博士；云南民族大学教授陈海宏博士；云南大学民族研究院教授何林博士；美籍华人阿此博士（祖籍福贡县木古甲）；日本广岛女子大学教授宫岸哲也博士；美国纽约州立大学李昱博士；云南财经大学教授陈建华博士；保山学院施璐教授；云南省民语委和即仁研

---

① 《西南边疆》1938 年第三期，第 90~91 页。

② 罗常培：《贡山怒语初探绪论》，载《边政公论》1944 年第二卷第十二期。

究员等。此外，在怒江州原副州长、云南省政协教科文卫体委员会原正厅级副主任、云南民族学会怒族学专业委员会会长亚娜的领导下，本民族学者已故怒族音乐家李卫才以及彭义良、李志恩、熊国庆、杨兴华、李绍恩、王仲昌、李富昌、李润中、李成立、李玉平、李绍智等怒族同胞，以饱满的热情、无限的深情和对本民族高度负责的精神也投入到怒族语言研究的行列。

怒族是语言文化资源非常丰富的民族，根据我国语言学家深入系统的调查研究，初步得出的结论是怒族内部使用着彼此独立的四种语言，即阿怒语、阿侬语、怒苏语和若柔语。怒族由多个支系构成，目前国内总人口数不足 4 万，但她在国内又是使用语言最多的民族。这四种怒语的大体情况是：

（一）怒苏语

怒苏语主要是居住在福贡县匹河怒族乡自称怒苏的怒族使用的语言，使用人数 12000 多人。经初步研究，怒苏语属藏缅语族彝语支。分南部、中部和北部3个方言。怒苏语共有60个声母和85个韵母。其中：单辅音声母45个，复辅音声母15个；单元音韵母38个，复元音韵母47个。怒苏语有4个声调：高降、高平、高升、低降。音节一般由声母、韵母加声调构成。怒苏语在语流中有较丰富的语音变化，其中多数属于条件音变，但也有少数属于自由变读。词汇由固有词和借词构成。怒苏语的词汇从构成词的音节的多少来划分，可分为单音节词、双音节词和多音节词。其丰富语言词汇的主要方式是利用本民族语言材料，按一定的方式构成新词，其中最有效的构词方式是合成法和派生法。①

（二）怒语

怒语是分布在贡山县的怒族支系怒人使用的语言，使用人数6856人（2009年统计数）。贡山怒语有如下特点：（1）有15个复辅音；（2）辅音分清

① 孙宏开、刘璐编著：《怒族语言简志》，民族出版社1986年版，第3~23页。

浊；(3) 吐气很不发达；(4) 元音分长短；(5) 辅音韵尾多至8个，-m、-n、-r、-l、-p、-t、-k，元音韵尾却少至一个-i；(6) 有高、低两个声调；(7) 语序是“主语+宾语+动词”；(8) 动词在表示人称数、陈述、命令时，有使动的形态变化，表示疑问时多用疑问指代词，与不同的名词配合，有各种不同的量词，如gloy（义为“个”，指人），meij（义为“个”，指物）。怒苏语与怒语语法现象大体一致，但词汇差别较大，不能通话。[①]

贡山怒语当中还有一种特殊的语言表达现象，它是猎人专用的行内用语。比如：“水”的日常用语是“安”，猎人之间的用语是“霞阿”；“火”的日常用语是“等咪”，猎人之间的用语是“咪叽”；“柴禾”的日常用语是“修”，猎人之间的用语是“崩妮”。其用意在于狩猎时让“猎神”不知所云，以获取更多猎物。

---

① 《怒族简史》修订编写组：《怒族简史》（修订本），民族出版社2008年版，第5~6页。

（三）阿侬语

阿侬语是怒族支系阿侬人使用的语言，支系人口近8000人，主要分布在福贡县的上帕、鹿马登等乡镇。目前，仅有福贡县上帕镇木古甲村委会的木古甲、阿尼恰、木能3个自然村的怒族居民会讲阿侬语，使用人数不超过500人。其余乡村阿侬人均转用傈僳语。阿侬语的特点与怒苏语完全不同，接近于景颇语、独龙语等。对此我国著名语言学家孙宏开曾介绍了这种语言的概况（载美国加利福尼亚州大学《藏缅区域语言学》第11卷第1期，1988年）。[①]

（四）若柔语[②]

若柔语是居住在兰坪县兔峨乡和泸水市鲁掌镇自称若柔的怒族使用的语言。怒族若柔支系的

---

① 孙宏开、黄成龙、周毛草：《柔若语研究》，中央民族大学出版社2002年版，第9页。

② 在若柔人的语言中，“若”含有小麦、土、本土之义，“柔”是人的意思，所以“柔”字放在后面，即“若柔”。现在中央、省、州、县、乡级官方文件中都写作“若柔”。

人口有3100多人，都能使用本民族母语。若柔语属彝语支语言。从语音方面看，若柔语有23个声母、79个韵母。声母只有单辅音，无复辅音，塞音、塞擦音声母不分清浊。韵母中单元音韵母29个，复元音韵母50个，没有带辅音韵尾的韵母。若柔语有6个声调。

使用若柔语的不同村寨在语言上也有一些差异。对此语言学家孙宏开先生在其专著《柔若语研究》中指出，“柔若语内部差异不大，澜沧江和怒江两地基本上可以通话。但是一些村落之间也确实存在一定差别，主要表现在语音上。李绍恩和李志恩的《怒族若柔语言资料集》（云南民族出版社1993年版——引者注）关于土语一节中，大体描述了柔若语内部的差别情况：柔若语地理分布集中，各村寨之间仅存在语音调值上的差别，无明显的或典型的方言现象。一般说来，兰坪县兔峨乡的江末、小村、兔峨、吾批江、碧鸡岚五个自然村之间的差异较小，而这五个自然村与兔峨乡果力村、泸水市六库镇瓦姑村委会三家村、鲁掌镇水利寨此三个自然村之间差异较突出些。根据我们的调查，上述一段话大体反映了柔若语内部差异的实际情况，因此，将柔若划为两个土语，比较符合柔若语的实际情况”①。

孙宏开先生在系统研究了怒族4个支系使用的语言后，就其关系作出了如下结论：“怒族的四个支系使用的四种不同语言之间的关系，大体可以用下表加以表述。”②

自称	语言名称	语言谱系分类	人口	说明
怒苏	怒苏语	藏缅语族彝语支	9000人	有3个方言，差别较大
阿侬	阿侬语	藏缅语族景颇语支	400人	
怒	独龙语	藏缅语族景颇语支	6000人	与独龙语一致
柔若	柔若语	藏缅语族彝语支	2100人	有土语差别

迄今为止，怒族仍然没有本民族文字。但大部分人能使用汉语、傈僳语，部分人识汉文、傈僳文，另有一部分懂藏语和白族语。

---

①② 孙宏开、黄成龙、周毛草：《柔若语研究》，中央民族大学出版社2002年版。

在国家、省、州各级民宗委的大力支持下，在我国著名的语言学家孙宏开教授、陈海宏教授、陈建华教授等的关怀帮助下，在怒族学会全体同仁的积极参与下，怒语研究事业显现出了一派方兴未艾、硕果累累的新气象。其一，4 种怒族语言作为濒危语种已列入了国家语保对象；其二，各位语言学家先后发表出版了一批有关怒语研究的专论、专著；其三，4 种怒语系列词典中的《怒苏语怒汉对照简明词典》已由民族出版社出版，《阿侬语怒汉对照简明词典》已与民族出版社签约出版，《贡山怒汉语对照简明词典》即将付梓印刷，《若柔语怒汉对照简明词典》正处于编撰之中。

二、怒族的文字

严格意义上讲，怒族没有本民族文字。但有两件具有文字（符号）萌芽的事项：其一是怒族地区著名的腊斯底崖画和吴符崖画，有学者研究认为，上述两处崖画是怒族古人的力作。崖画中除去大量对飞禽走兽、日月星辰的写真外，也出现了一些类似文字的符号。[①] 这些符号在民间不曾流行使用，但需要认真加以研究。

其二是千百年来在怒族民间通用刻木记事的符号。这同样也可以视为是一种萌芽状态的文字。因为它能记录表征比较明显的信息。

为了更好地保存和传承怒族的历史文化，2009年云南省民族学会怒族学专业委员会在会长亚娜女士的积极倡导下，邀请了专家，发动本民族中的热心人士，举办了几次骨干培训班，创造了能够兼顾几种怒语的《怒族语言拼音方案》(征求意见稿)。这套拼音方案用拉丁字母形式拼写怒族各支系的语言，得到了广大怒族同胞的称誉。经过几年的努力，已经编辑出版了《怒苏语识字读本》和《贡山怒语识字读本》。《怒苏语识字读本》已在福贡匹河怒苏聚居区试行使用并取

---

① 包秀芬：《看怒江岩画研究怒族古代社会历史文化发展》，载《怒族研究》2008年总第4期；杨兴华：《神奇的怒族岩画》，载《怒族研究》2008年总第4期。

得了良好的成效。大家参与学习的热情高、劲头足，有近40%的怒苏中青年能够做到会写、会读、会用。贡山怒支系的怒语识字读本已在发行之中，学会就开展骨干培训教学和试行使用工作做了安排。兰坪怒族若柔支系的怒语识字读本已编写，于2018年下半年付梓印行。在2015年，兰坪怒族学会的王仲昌、李富昌、李润中、李玉平等同志还组织编印了以现代汉语拼音方案外加几个特殊符号合成的若柔语拼音文字《怒汉对照简明小词典》，在族人中引起了积极的反响。

自明清以来，澜沧江峡谷和怒江峡谷迎来了大批傈僳族、白族、汉族移民，与原住的怒族形成了长期共存杂居的格局。于是半数以上人口的怒族同胞都能熟练地使用3种以上语言（如：若柔支系怒族能使用汉语、白族语、傈僳语；怒苏支系怒族能使用汉语、傈僳语；阿侬支系怒族能使用汉语、傈僳语，少数人还会缅语、景颇语；贡山怒支系的怒族能使用汉语、傈僳族、独龙语和藏语）。65岁以下的怒族群众基本识中文，福贡县的怒族群众中约60%成年人识傈僳文。

社会组织

一、婚姻家庭与习俗

随着社会的发展，到中华人民共和国成立前夕，怒族地区已普遍实行一夫一妻制的婚姻形式，一夫多妻属个别现象。但许多实地调查资料表明，人类远古时代的婚姻形态在中华人民共和国成立前夕的怒族地区还留有痕迹。

原碧江县一区九村的怒族中保留有普那路亚婚遗迹。据说“达霍”家族的共同始祖是一个女子，这是母系氏族社会曾经存在的证据，也有过男子出嫁的传说。在举行结婚仪式时还保存着象征普那路亚婚的仪式。福贡县一区的怒族中也存在着亚血缘婚的遗迹。他们在选择配偶上，没有固定的婚姻集团，除亲胞兄弟姊妹外都可结婚。贡山县一区的怒族在实行一夫一妻制以前，也曾经盛行过男子从妻居和“讨男子”之风。“讨男

子”，当地怒族称“振金抗努巴楼”。直到今天，许多老年人的记忆中还保留着往日男子出嫁的史话。兰坪县兔峨乡的怒族村寨里，还保留有供男女青年们择偶的类似公房的场所（当地语叫“Xiao Yan”。到该场所活动则称作“串姑娘”。男女长大了，没到过这些场合被视为没出息）；当地还流传有远古时候不是男子讨女子而是女子主动求婚讨男子的故事。若热恋中的女友不是本村人，则有男方晚出晨归、夜宿女子闺房的习俗。几乎所有的怒族地区，在选择配偶的问题上，舅舅的意见是至关重要的，有俗语称“树中竹子最大，人中舅舅最大”，原因正在于此。

在亲属称谓中仍保留了由等级群婚制过渡到一夫一妻制的痕迹。例如：叔伯父都已有“扑茂”“扑拉”“扑吞”的专称，但在习惯上，实际生活中仍可与生父同称“奥扑”（原碧江县一区九村一带怒语）；怒族称母亲为“奥米”，同样，也可把父亲的兄弟辈的妻子和母亲的姊妹称为“奥米”。区别在于把年长于父亲者称为“扑茂”，小于父亲者称为“扑拉”或“扑吞”；同样，也把年长于母亲者称为“米茂”，小于母亲者称为“米拉”或“米吞”（即为大父、中父、小父和大母、中母、小母之意）。怒族称自己的子女为“柔”（即孩子之意），而把兄弟的子女和妻的姊妹的子女或将四代内的侄儿（女）也称作“柔得”（即我的孩儿们之意）。由此可见，排除兄弟姊妹间通婚在很早前虽已开始，但禁止血缘婚在氏族中间并未获得充分发展。直到20世纪六七十年代，表兄弟姊妹间通婚现象仍未排除。从中华人民共和国成立前存在的等级群婚制度的痕迹上溯，证明怒族中存在过妻姊妹婚和夫兄弟婚。福贡的木古甲、原碧江九村的甲加等地就存在过类似的婚姻制度。如对祖父、外公、祖母、外婆只具有同一的称呼，对继母与婶母、姨母同一称呼，继父、伯叔和姨父同一称呼，这种称呼也佐证了由等级群婚制向一夫一妻制的过渡。

在社会习俗上的主要表现为：

一是妇女床位、墓穴在右。在怒族人的观念

中，左为小，右为大。在房屋里，女主人的床位搭在火塘的右边，男主人的床位一般只能搭在左边（独身者或丧偶后则可不做严格区分）。兰坪、泸水一带的怒族希望将生前的这种习俗带进“阴间”，有夫妻死后同墓而葬的习惯。同样，妻葬右墓穴，夫葬左墓穴。这已成为族内成规，不可违背（以“右”为尊，即所谓“无出其右”）。

二是奶奶或姨妈取名。在兰坪兔峨的果力、松登等村寨的怒族居民中，有由奶奶或姨妈取名的习俗。家里添了人丁，给新生儿女取名的权力往往属于女性，一般由年高健康、人生顺利的奶奶或姨妈取名。

三是称呼随女。夫妻双方有亲戚关系的，对亲戚们的称谓，出于尊重女方，男方往往以女方为转移。

四是老妪为洞房铺床钉被。为新郎新娘铺床钉被是结婚喜事中的一项重要环节。请什么人承担此事，被认为事关新婚夫妇一生的吉凶福祸和家庭的兴衰。这项重任绝对地只能由女性中的儿孙满堂、福寿双全的老妪来承担。这一习俗沿袭已久，至今未改。

五是为女性祖先亡灵祭供。虽说母系社会早已远去，但春节期间隆重祭供，这在其他民族中也十分盛行。然而为已故女祖先另设牌位，单独祭供者并不多见。兰坪怒族十分尊崇祖先，生怕女性祖先受男性祖先冷待排挤，故在侧面或门后设置供桌，祭供佳肴什锦，以示对女性祖先的崇敬。

六是妇女理财。分布在贡山、福贡两县的怒族中，妇女既是家庭种养业的主要承担者，也是这个家庭的经济“总管”。男子一般承担对外创收，开支之事主要由妇女定夺。比如，在女主人不在家或未征得女主人许可之前，男主人是不会把家里的畜禽等卖给外人的。相反，女主人则可以不通过男主人就有权决定是否把家里的畜禽等卖给外人。

七是对歌争位。直至今日，在兰坪县的怒族中还广泛流传着一个叫“阿罗西杯”的对唱古

歌。每逢传统节日或村里有人办理红白二事的聚众场合，就能听到“阿罗西杯”的对歌声。古歌以男女对唱的形式进行。在对唱过程中，男女双方都据理力争，充分表达自己在社会发展、生产、生活中的重要地位，双方往往唱得难解难分。从歌词的内容看，在一定意义上反映了母权制向父权制过渡而母权与父权之争的背景。

八是民间传说及舅父权残余。分布在怒江各县的怒族中都有怒族曾经历过母系社会的种种传说。原碧江县一区九村的怒族斗霍人，确信其世系中最初的始祖“茂英充”是位女性。在婚姻制度上各地怒族中都有与母系财产继承关系相应的“男子出嫁，女子娶夫”“男人坐月子”的传说。即便是今天，舅父权在各地怒族中也还有不同程度的保留。所有外甥在舅父面前不许开玩笑；外甥成为舅父的女婿后，绝不可改称“岳父”，只能继称“舅父”（即“奥剖”或“奥普”），因为“舅父”在怒语中是至尊的称谓，其意为“最尊敬的父辈”。在中华人民共和国成立前，外甥女出嫁时，舅父要收受一条牛的彩礼；外甥婚后不育，便以为是在某些方面得罪了舅父之故，夫妇需筹备酒肉，回去拜谒舅父，请求“恕罪”；平时吃上好东西，要请舅父来家里一同享用，或送一份食物给舅父；外甥们婚后喜添人丁时，必须给舅父送一份添丁喜酒，舅父得到添丁喜酒后，即行祷告，祝福母婴平安。

九是妇女劝战。古时，当怒族男子与不同氏族或与外族之间发生械斗而难解难分时，为了减少双方伤亡，妇女们便站立交战双方中间，劝战叫停，战事方可停息。

二、社会组织形态

1912年起，云南地方政府在怒江地区建立了行政委员公署，并从1914年起逐步实行了保甲制度。把原来的怒管、伙头委任为乡、保、甲长，原来较为松散的“怒管及伙头制度”逐渐被保甲制度所取代。保甲制度在政治上已使过分的分散状态逐步趋于统一，但直至中华人民共和国成立

前夕，怒族社会中原始氏族、胞族、家庭及村社组织仍然不同程度地保存着，并在社会生活的各个方面发挥着若明若暗的作用。于是，与这种村社组织相适应的土地伙有共耕制度也得以保留。

（一）中华人民共和国成立前的村社组织

怒族地区已有保甲制度，但不少保、甲长是由氏族或家族的长辈出任。怒族的村寨可分为大中小三类：大村寨一般由多个氏族构成，中等村寨由几个氏族构成，小村寨则往往由1~2个家族构成。氏族不同，姓氏亦不同。同一氏族或同一家族往往具有相同的姓氏。以兰坪县兔峨一带的怒族支系若柔人为例：兔峨乡江末村属中等怒族村寨，它由李、杨、和、欧、褚、赵等姓氏构成。六种姓氏基本上分属于六个氏族，按照怒族的称呼也就是六个“起”。一个“起”较集中地居住在一个板块，这个村就由六个小板块组合而成。从这个村与那个村的关系上看，一个村就是一个整体。而同一个村内部的各个氏族，又成为相对独立的不同整体。在社会生活的各个方面，不同氏族之间的相互联系是松散的，而同一氏族内部则显得十分紧密。家族在若柔地区往往被理解为五代内的大家庭，氏族则指具有亲戚关系的六代以外的同宗同姓群体。氏族长或家族长不由选举产生，通常由下列人员担任（也不领取报酬）：氏族、家族中辈分最高的男性；氏族、家族中德高望重的人；氏族、家族中办事公道、正直、果敢的人。氏族长、家族长的职能是：负责主持较大的宗教、祭祀活动；负责组织、安排本氏族、家族中重大的生产、生活事宜；负责调解本氏族、家族内部的各种纠纷；负责组织重大的政治、军事行动，如与外族械斗、复仇等。村寨之间发生的冲突由本村的氏族长或家族长们共同商讨解决。

基督教传入怒族地区后，信教的氏族、村社及其头人往往又成为教会的神职人员，于是在怒族社会中还出现过局部地区的短暂的政教合一的头人制度。

（二）伙有共耕

中华人民共和国成立前，兰坪县的怒族支系

若柔早于怒江地区的怒族进入了封建社会。而原碧江和福贡、贡山3县的怒族则处于原始社会末期。这3县的怒族其生产力的发展水平也不尽一致，所以反映在土地制度上就呈现出历史的、地区的差异性。以原碧江九村的甲加、罗宜益两个怒族村寨为例：由于个体经济的发展和扩大，以血缘为纽带的家庭公社解体，于是土地公有制的范围正在缩小。在当时，家族内部的一定范围内还保留着土地公有形态，怒语称作“帕辽”（怒苏语），意为共有耕地。怒族地区的“帕辽”由氏族公有、家族伙有、开荒伙有、共同买地伙有、姻亲伙有构成。家族伙有是由原来的家族公有地经过家族成员长期占有使用而最后分割成为几户伙有的小集体耕地。这种家族地其所有权归伙有户集体所有，一般不得买卖。开荒伙有是家族成员或非家族成员几户共同开垦荒地，并归开荒户成员共同伙有。这种土地不能买卖，只有占有权和使用权。共同买地伙有是家族成员二三户共同出钱购买耕地，形式上已形成各户按份私有，但一般均未划分地界或将土地割开，仍采取按份伙有。姻亲伙有则因在结婚时均以黄牛为聘礼，若男方无力支付时，可用土地抵付，以致姻亲双方共同伙有的土地，但比重不大。

个体家庭在自己所参加的“帕辽”内有固定的份地。占有“帕辽”的成员越来越多，在“帕辽”内部的份地也就不断增加。原始份地往往采用轮耕，新份地则实行共耕，属于共耕的部分日趋减少。这是血缘近亲排斥血缘远亲的表现。氏族、家族村社组织的存在、生产力水平的低下，是伙有共耕形态得以保留的原因。

民国后，随着保甲制度在怒族地区的推行，古老的村社组织逐渐退位，政治制度的变更促进了经济制度的变更，私有制的日益发展，导致了共耕形态的逐渐消亡，怒族社会历史也由此发生着重大的变革。

（三）父权制的产生、确立与消亡

父权制在怒族社会中早已确立。原碧江县普乐村和九村的怒族达霍人和斗霍人皆奉行父子连

名制。他们分别可背诵六十四代和四十一代家谱(六十四代中的开头一部分是母女连名，故可称作怒族母女、父子连名族谱)。若每代人以 25 年计算，分别经历了 1600 年和 1075 年的历史。恩格斯说：“男子在婚姻上的统治是他的经济统治的简单后果。”就一般规律而言，母权制家庭向父权制家庭正常过渡的经济前提，首先是在农业生产上使用金属工具，锄耕农业过渡到犁耕农业，动物的驯养过渡到畜牧，商品交换的产生和发展，进而引起男女社会分工的重大变革。男子在社会生活各个方面发挥着举足轻重的作用。怒族男子在娶妻时需向女方支付相当数额的货币或实物以做彩礼。在父权制的时代里，骄傲的女权仅以彩礼作为女子的身价补偿，男子则需具备不受更多的干预就能有权决定用货币或实物支付彩礼的条件。这种情况要求怒族社会生产力水平较之过去有较大发展，父权家长制和财产归各个不同所有者的私有制也需充分的发育。怒族社会的父权制虽然存在了 1000 多年，但由于地理环境及文化方面的原因，其生产力水平低，在与生产、生活相关的工具中，尚处于石质工具还未安全退出、木质工具比例较大、铁质工具缓慢进入的阶段。故直至中华人民共和国成立前夕，父权制和私有制还是在低层次中徘徊发展。怒族社会的父权制时代，因生产力水平低下，导致了男子们“经济统治”的能力不强，女子们的身价也相应较低。同样，社会财富作为私有的程度也不高。

如前所述，父权制是在生产力有较大发展的情况下产生的。通观怒族的社会历史，不难看出，父权制是私有制的奠基者和组建者。私有观念在父权制条件下形成，并逐渐发展起来。父权制是私有观念滋生的土壤，反过来私有观念又促使父权制的根基更加稳固和强化。如在父权制条件下，女子也可视作一宗私有财产而可归不同的所有者继承或买卖。

中华人民共和国成立前夕，阶级分化在怒江州三县（贡山、福贡、碧江）的怒族地区尚不明显，原始剥削普遍存在，土地私有化的范围日渐

扩大，私有观念不断滋生，买卖婚姻时有可闻，买卖牲畜、买卖土地或以物易物等交易活动经常发生。而居住在兰坪县兔峨一带的怒族则早已进入了封建领主经济的轨道。

1912 年，殖边队进驻怒江后，接着大批汉族、白族、纳西族等民族进入怒江，受这些民族地主经济观念的影响，在怒族中也出现了一些富户，并开始出现了实物借贷或货币借贷形式的高利贷剥削行为。

（四）家庭奴隶制的形成及消亡

1. 怒族地区家庭奴隶制的形成及消亡形式有其突出的特点

随着生产力的逐步发展和向个体私有制的过渡，少数怒族农户财富集中的进程加快（在土地买卖出现以前，主要是通过占地开垦，个别情况是继承家族内绝后者的财产，土地买卖出现后，土地的集中就主要通过土地买卖来实现）。由于财富有了一定程度的集中，占有劳动力的需要也就摆上了议事日程，因而蓄养家庭奴隶的现象也开始在怒族社会中出现。

怒族社会中奴隶的来源主要有以下几种：一是以收纳养子养女为奴；二是以掠夺人口为奴；三是以拐卖人口为奴；四是以人身抵债为奴。

2. 怒族家庭奴隶制的主要特点

（1）有亲属关系掩藏下家内奴役的特点。因为大多数奴隶具有养子或养女的身份，因此就具有了既是家庭成员又是劳动工具的二重性。

（2）有既从事家务劳动也从事田间劳动的特点。主人对奴隶有打骂或另卖他人之权力。

（3）某些养子、养女在取得主人信任之后，有娶妻出嫁的自由，甚至可以继承部分财产，成为自由农民。

（4）有的奴隶还可成为主人之夫或妻。

（5）多数蓄奴户的男女主人均未脱离劳动，差别在于劳动强度不一，衣着或饮食稍有不同。

（6）蓄奴户多数也是富裕户，尚未形成奴隶主一样的剥削阶层。

（7）怒族社会中的奴隶经济尚未占据整个社

会经济基础的地位。即使是占有奴隶的富裕户，也都是直接生产者，并且是肩负组织生产的生产者。

(8) 蓄奴户在整个怒族人户中的所占比例仅1%，蓄养的奴隶人数少，每户至多两三人，终生为奴者极少见。

(9) 怒族家庭奴隶制是随着本民族生产力的发展和受外民族的影响而逐渐形成的一种不完备的奴隶经济形式，它无力左右社会生产，难以构成对整个社会生产的影响。

(10) 怒族的家庭奴隶制是昙花一现的经济现象，到中华人民共和国成立前夕，其产生的历史不超过百年。国民党进入怒江后，曾宣称"养奴不合"而使其很快消亡。

3. 怒族家庭奴隶制在怒族内部发展不尽平衡

兰坪县兔峨一带的若柔中有10户地主，其中有5户地主占有奴隶8人（其中怒族7人，傈僳族1人，含女奴1人）。奴隶主要从事农业生产，也做家务劳动，此外还要赶马、放牛、砍柴、背水，替蓄奴主收租、背粮、舂米、做饭，以及接送客人等。除从事田间劳动外，还要替主人洗衣、做饭、带孩子等。

有关调查资料显示：贡山一区的怒族社会中也出现了蓄奴现象。向登木库路曾蓄过独龙族人为奴；彭登木都吉利蓄过奴；崇仁贡楼蓄过两个奴隶。奴隶身价一般以牛计算，多半是 3 头牛，但也有低到 1 头牛的。第六村龙增一家有二子一女，相继出卖为奴，身价仅为 1 头牛。

怒族社会的奴隶仅为家庭奴隶，蓄奴主可与奴隶结婚，如上述的向登木库路所蓄的奴隶后来又成了儿媳。崇仁贡楼当其妻死后，便娶两个女奴为妻；阿度则丈夫死后，便与男奴结婚。

怒族社会中的奴隶制是一种早期的家庭奴隶制，而且缺失进一步发展的内外因，很快就消亡了。究其原因：

一是怒族社会中生产力水平低下，财富集中进程缓慢，大量蓄奴既不可能又不必要。二是英帝国主义者进入“俅江”（独龙江一带）地区后，

基于其利益的需要也高唱所谓“解放奴隶”，使奴隶来源减少；封建领主制的发展迫使这种早期的家庭奴隶制转而依附领主制。三是国民党进入怒江后，怒族中的经济关系起了变化，富裕户不可蓄奴也不可利用其他剥削形式来聚集财富。基于上述种种原因，怒族社会的家庭奴隶制，不但没能进一步发展，而且在不到100年的光景中就走完了其产生到消亡的全过程。

（五）氏族图腾制残余

从普遍性的意义上讲，氏族图腾制是世界各民族中都存在过的社会现象，且文身文面与其图腾物有密切的联系。人们可以通过所文图案就推测其图腾物。在有的民族中，甚至将图腾徽号或标志直接明快地文在身上。怒族在历史上是否存在过文面现象，这已无从稽考。但作为氏族图腾制的残余，在怒族中还是普遍存在的。

怒族的氏族图腾制有如下特点：

（1）一个氏族，往往以一种动物为标志而命名。原碧江县普乐村中居住着五个氏族，分别是腊老姚（虎）、腊蚌姚（熊）、腊里姚（麂子）、腊乌齐（蛇）、腊快姚（岩缝里钻出来的人）氏族；相传老姆登也居住着六个氏族，即达华苏(蜜蜂)、斗华苏（猴子）、亚华苏（熊）、拉吾华(老鼠)、明黑华（蛇）、纳着华（鸟）氏族。

（2）被当作氏族标志的动物在传说中又往往与本氏族的起源、生存、壮大有关或有直接的血缘关系。老姆登的蜂氏族中有蜜蜂变人的传说；兰坪兔峨若柔中有人与猴成亲并不能吃猴肉的故事。

（3）以凶猛无比的动物作为本氏族的名号，能满足战胜一切、增强自信的心理，故兰坪兔峨怒族中就有虎、熊等氏族。

（4）作为图腾物的民族名称只起民间区分不同氏族和传承亲缘关系的作用，一般不冠于姓名之中，因此很难从他们的姓名中分辨不同的氏族关系。正因为它是传承亲缘关系的标志，所以，在禁止氏族内婚的情况下，在与外族械斗或复仇的情况下，就体现出它的干预或内聚的作用。作

为这种意义的作用还将继续存在。

(5) 延续至近代的怒族社会中的氏族图腾制是人类远古时代图腾崇拜的遗迹，从观念到行为上去考察，已失去了图腾的本意。按本意人们对作为自己氏族标志的动物必须顶礼膜拜，十分敬仰，且禁捕、禁杀、禁食。但在怒族的各氏族中，对作为氏族标志的动物仅在观念中多少有些“圣物”之感，其余则不在乎。

(六) 封建制生产关系的萌发

从政治经济学的角度来考察，怒族在中华人民共和国成立前尚处于前资本主义的各个不同发展阶段，而在一部分怒族中也显露出封建制生产关系的萌芽。有关调查材料表明：

(1) 生产资料占有情况不平衡，社会成员间产生了贫富两极分化。贡山县一区的丙中洛村 36 户怒族居民中，经济状况相当于中农的 14 户，占总户数的 38.8%；相当于贫农的 22 户，占总户数的 61.2%。贡山县二区的木坡、茨棵、永拉嘎 3 村 34 户怒族中，已分化出 1 户富裕户。在贡山一区，私养牛比公养牛多。查腊村15户中，共养牛25头，其中私养牛达17头，个人养牛者5户，最多的一家养有6头。

福贡县木古甲村谷乃比家族共22户105人，占有各类固定耕地面积190.75架（1架为2头牛犁1天的地），牛19头。家族中占有土地最多的一户人均达3.7架，最少的一户人均占有0.4架，一般户人均占有1.7架。

原碧江县九村的甲加、罗宜益2个自然村的耕地面积中，个体私有地约占75%，土地的主人对自己的私有土地有自由处理的权利。

兰坪县兔峨区的若柔已进入封建地主经济阶段，生产资料集中的程度也较高，以吾批江村为例：全村共有29户，地主却有5户，占全区怒族地主总户数的30%，占全村总户数的17.2%。5户地主占有水田115亩，占该村水田总数的68.8%，户均达23亩，为全村农民户均数的6倍；5户地主有耕牛27头，占该村耕牛总数的61.3%；生产工具72件，占全村总数的31.3%。

（2）富人剥削穷人的现象已经产生。由于私有制的发展，贡山怒族中的富户通过招收养子、招从妻居女婿（招收养子，要向其生身父母付2头牛，招赘也如此）等形式来购买廉价劳力为其劳动，个别的还要蓄奴。福贡木古甲怒族中也产生了借贷关系。借贷分为低利借贷和高利借贷2种，而高利借贷是国民党进入怒江后发生的。借贷主要存在于借粮或借钱的关系上。国民党进入怒江后，当地开始出现了雇佣现象。雇佣主要有短工和长工两种，长工的来源主要是完全丧失了土地的人。上述这种情况在原碧江县九村的怒族中也同样存在。兰坪县兔峨的若柔地主其剥削形式不是通过土地出租，而是全部通过雇佣长、短工耕种来进行的。

怒族社会中产生封建制萌芽的内因是其生产力的逐渐发展，一部分人丧失了生产资料或生产资料不足，而另一部分人又集聚了一定数额的生产资料；国民党统治机构在怒江推行剥削制度，逐步流入怒江的内地客商的生产和经营方式的诱发，周围其他民族的影响是怒族社会中产生封建萌芽的外因。

较之于原始社会和奴隶社会的生产关系，封建制的产生是人类社会历史的一大进步。在封建领主制的条件下，耕地日益固定，使用地力的程度高。劳动者为了在扣除缴纳给领主租粮租金后自己获得更多的收入而不断改进耕作技术和改良籽种，从而不断促进了生产力的发展。但是作为兔峨若柔地区最大的封建领主——兔峨罗氏土舍衙署长期实行愚民政策，阻挠民间办私塾，限制怒族子弟上学。土舍府对人民的经济剥削也日益加重，各种派款苛捐繁多，搞得民不聊生，不少人背井离乡。因不堪忍受经济剥削和政治压迫，近百年来，逃难他乡的怒族若柔人不计其数（现泸水市鲁掌镇浪坝寨的怒族居民和六库镇瓦姑办事处三家村的怒族居民就是先后逃难过来的兔峨怒族若柔的后代子孙；另有一部分则逃往保山、德宏等地定居）。封建领主制发展到后期，由起初的促进生产力的发展逐步成为生产力发展的桎梏，严重阻碍了兔峨地区经济、文化的发展和社会的进步。

建制沿革

在南北朝之前，怒族先民仍处于频繁迁徙时期，其历史沿革难以准确记述。隋唐以后，虽有迁徙但空间跨度已不太大，其历史沿革在此仍按过去的行政区划中怒族分布的泸水、碧江、福贡、贡山、兰坪来分述。

一、泸水的怒族

唐南诏时期属永昌节度地。宋朝以后，今泸水市的怒族先民，一部分沿怒江而上，迁入原碧江县今福贡地域。自清末至民国初年，原居兰坪兔峨的欧氏、李氏家族中的部分人西迁入今泸水市鲁掌镇浪坝寨一带定居。当时隶属腾冲督办公署。

1950 年 1 月 13 日，泸水和平解放，同时成立泸水人民临时政务委员会。同年 6 月 1 日改置泸水设治局，1951年2月成立泸水县人民政府，隶属保山专区。1954年改属怒江傈僳族自治区。

二、碧江县（该县于1986年撤销建制）的怒族

唐南诏时期属剑川节度，宋大理政权时期属兰溪部，元属丽江路，明、清属丽江府辖地。民国元年（1912年）殖边队进驻知子罗，设知子罗殖边公署。

民国五年（1916年），设立知子罗行政委员公署；民国二十一年（1932年）改为碧江设治局，隶属丽江督察专员公署管辖。1949年6月10日，当地和平解放并于同年9月25日成立碧江县政务委员会，11月1日成立碧江县人民政府，属丽江专区。1954年改属怒江傈僳族自治区。

三、福贡县的怒族

唐南诏时期属剑川节度铁桥城地，宋大理国时期属谋统府兰溪部地，元属丽江路，明、清属丽江府地。民国元年（1912年），殖边队进驻上

帕，设上帕殖边公署；民国五年（1916 年）设上帕行政公署；民国十七年（1928 年）称康乐设治局；民国二十四年（1935 年）改称福贡设治局，隶属丽江行政督察专员公署。1949 年 6 月 1 日，当地和平解放并于同年 12 月 25 日成立福贡县人民政府，属丽江专区。1954 年改属怒江傈僳族自治区。

四、贡山县的怒族

唐南诏时期属剑川节度，宋大理国时期属谋统郡辖地，元属临西县，隶属丽江路。明为丽江木土司下属维西康普、叶枝两土千总管辖，隶丽江路。清乾隆年间，一度被划为两段，北段受西藏察瓦龙土千总管辖，南段受维西康普、叶枝土千总管辖。清雍正元年（1723 年）丽江木土司改土归流后直属维西厅菖蒲桶区。民国元年（1912 年），殖边队进驻；民国二年（1913 年）为菖蒲桶殖边公署；民国五年（1916 年）改为菖蒲桶行政委员公署；民国七年（1918 年）缩小建制，归属维西，称维西贡山县佐；民国十一年（1922年）复菖蒲桶行政委员公署；民国二十二年（1933年）改称贡山设治局，隶属丽江行政督察专员公署。1949年7月20日，贡山和平解放，成立贡山县办事处。1952年9月改为贡山县人民政府，属丽江专区。1954年改属怒江傈僳族自治区。

五、兰坪县的怒族

唐南诏时期属剑川节度谋统郡。宋大理国时期，兰坪设兰溪郡，仍属谋统府。元至元十二年（1275年），改为兰州，大部县地隶属丽江路。明代兰州属丽江军民府。清顺治十六年（1659年），改土知府，所属州县并入丽江府。民国二年（1913年）设兰坪县，县府设于白地坪。到1949年5月10日，兰坪县城解放，同年8月在县城成立政务委员会，行使县人民政府政权。1950年4月15日县党政机关设于啦井，隶属丽江专区。1957年划入怒江傈僳族自治州。

习俗信仰

一、风俗习惯

(一) 人生礼俗

1. 诞生礼

怒族孕妇分娩时，现场不能留有男性。接生一般由婆婆或年事稍长、经验丰富的妇女完成。

分娩当天，自家门前醒目处插一块木牌，告示家有添丁之喜，同时也防止男性误入。接着男主人要给产妇做“侠拉”（肉酒，这是一种用漆树油爆炒鸡丁后以烧酒炖熟的肉酒）。如果所生是个男婴，要用母鸡做“侠拉”，据说这样可以使孩子长大后沉稳寡言，少惹是生非；如果是个女婴，则用公鸡做“侠拉”，这样孩子长大以后就会能言善辩，大胆泼辣。孩子出生的第二天，亲友邻居会争先恐后地派出各家主妇携带米、鸡、酒、小猪、漆油等礼物前来祝贺。按照民间的说法，第一个来祝贺的妇女将会沾上最多的喜气和福分。当天，主人家要用美酒佳肴招待贺喜的人们。宴饮到最后，请一位老妪用泉水擦在婴儿面额上，以示祝福。

婴儿诞生后的另一个重要仪礼是起名。各地习俗不一。若柔支系在婴儿满月的当天专门宴请宾朋，给婴儿起名。怒苏支系则有在妇女怀孕至第九个月时起名的习俗，因为难以预料腹中胎儿的性别，所以要预取适合男孩女孩的两个名字，到孩子出世时，父亲再最后来决定。民间认为，提前起名可防孩子的父亲遭遇不测。

2. 成年礼

怒族民间对孩子进入成年期没有特别的规定。比较明显的一个成年标志，是当一个孩子长到十三四岁的时候，他（她）就可以进入青年人的社交圈子，结交异性。历史上，怒族每个村寨都建有“公房”。怒苏语叫“哦吆”，若柔语叫“淆烟”（意为窜闲房）。离村寨不远处搭建一座专门用于年轻人社交的房子（有的则用村里暂时闲置的房屋），每到晚上，怒族十三四岁以上的青年男

女即来到房子里聚会留宿（但不能做越轨的行为），男孩子们互相学习制作弩弓竹箭，女孩子则互相学习捻麻绕线、打草鞋等女红手艺，男女青年还共同学习弹琵琶、跳舞等。在这里，任孩子们娱乐取闹，父母长辈们一般不加干涉。在这个圈子里每个孩子都会接受伙伴们给他（她）取的专门的名字，但这个名字只限于在伙伴之间使用，不得在长辈面前提及，否则就会被长辈们视为冒犯而遭到谴责。如今，这种“公房”已越来越少了，随着年轻人的社交活动和社交方式的增多，这种传统的交往方式已逐渐被赶集、年节聚会、结伴上街、进歌舞厅、看电影电视所取代。

3. 婚礼

怒族青年男女虽然一直享有较多的婚前社交自由，但是民族内部却很早就通行婚姻由父母定夺包办的习俗。从恋爱到结婚，大概要经过定情、提亲、订婚、结婚四个环节。

定情：怒族成年男女在进入社交圈后，经过一段时间的交往接触，明确了自己中意的对象。

在交往过程中，男女双方私下约会时相互表示爱慕，若到了婚嫁年龄，就会主动与各自的父母坦白，争取家长的认可。如果双方家长都没有意见，则可以继续接触，直到认定对方就是终身相守之人，就互赠定情信物。

提亲：定情之后，男方就要主动请媒人选择一个合适的日子，向女方家长提亲。媒人提亲要带一缸自酿的米酒，为“开口酒”。如果女方家长同意婚事就把酒留下。

兔峨若柔婚俗——“跳菜舞” 供稿：李松发

订婚：订婚前，双方都要尽量争取亲戚朋友

的一致同意。而女方则要征得舅舅对婚事的认可。订婚仪式在女方家里举行。男方的亲友团带去4坛或6坛好酒，与女方的亲友团同饮共庆，双方在一起商谈聘礼及结婚的日子等。一旦订婚，双方的关系就确定下来，如任何一方反悔，都必须向另一方赔偿双倍订婚费。

福贡怒族民间婚宴　供稿：曲路

结婚：订婚之后一两个月即可结婚。怒族举行婚礼所择良辰吉日一般是属龙或属蛇的日子，而且必须避开逢七、逢九以及属猪、属狗之日。怒族的婚礼欢畅隆重，各地有所差异。结婚当天，男方邀约一些能歌善舞的亲友组成迎亲队伍，携带酒和彩礼前往女方家接新娘。有一些怒族地区男方接新娘的队伍来到新娘家门口时，新郎、新娘双方的代表需经过一番一问一答的周旋，直至新郎家代表答出吉祥如意的俗语后才被允许进入新娘家的宅院。将新娘接到男方家门口时，男方主人及赶来庆贺的亲友邻居，就斟满竹筒酒来敬贺女方的送亲队伍。宾客食用过丰盛的酒肉婚筵后，人们或围在火塘边唱起传统的《婚礼歌》，或在院坝中弹琵琶吹口弦，跳起琵琶舞和锅庄舞，祝福新人婚后幸福吉祥、子孙满堂。

婚后新娘不落夫家，要等到怀孕才到夫家长住。

自基督教、天主教传入以后，怒族信徒们都改在教堂举行婚礼，婚礼也简朴了不少。贡山一带的怒族，还有一部分信仰藏传佛教的群众，他们的婚礼要请喇嘛占卜择日，部分仪礼带有明显的藏文化特点。

4. 丧礼

由于地域和支系的不同，怒族的丧葬仪式和习俗各地不一。历史上曾盛行火葬，兼有棺木土葬、悬棺葬等葬式，明清以来多以棺木土葬为主。一般情形下，男性为仰身直肢葬，女性为侧身屈肢葬。澜沧江流域的怒族地区则一律实行仰身直肢葬。

福贡怒族的丧葬一般包括鸣竹号或竹片响器报丧、亲友携酒吊丧、以丧葬歌舞悼念亡灵、抛掷木棍定墓地、出殡送魂、掘土入葬等仪式。兰坪怒族的丧葬主要包括为死者置放口含银、房顶插竹竿悬挂白纸幡报丧、洗尸入殓（若死者为父母，儿女必须象征性地喝一点洗尸的水以示孝敬）、设灵烧香、供佳肴祭奠、出殡入葬等仪式。入葬后的第三天，死者亲属还要携带猪、鸡和酒等祭品前往坟地烧香祭奠，妇女们还要到村旁为死者哭丧送魂；第四天由全村男性为死者垒完坟堆才算结束。贡山怒族的葬式大多为棺木土葬，但有未死时不能做棺材的说法，人死后还要举行迁坟的二次迁葬仪式。若死者是天主教徒、基督教徒，则由神父做祈祷安葬，并在坟前立一个十字架。整个过程比传统丧葬方式要简约朴素得多。信奉藏传佛教的人则实行火葬，葬时请喇嘛念经超度，并以藏俗在死者坟前插立数面麻布经幡。

（二）生产习俗

以自然物候历法安排生产是怒族地区的习俗。分布在怒江北部的贡山怒族人把一年分成十二个月。一月份，十分清闲的一个月，信佛教的人开始烧香拜佛，信原始宗教的人上山打猎；二月份，各种花木准备发芽，农民们开始着手播撒麦子、青稞；三月份，天气开始热了，各种树木开始发芽、长叶，麦子抽穗；四月份，知了叫了，可以种苞谷，青稞开始抽穗；五月份是青稞、麦子收割，苞谷薅锄季节；六月份，桃子等野果成熟，青稞、麦子等粮食可入仓库（因为野果成熟，不怕饿肚子）；七月份，大春作物青黄不接；八月份，大春作物收割的时节；九月份，多数农作物收割完毕，是农闲时节；十月份是一年中荞子收

割的唯一时节；十一月份，是青蛙下仔的季节；十二月份，是一年中树木不长、山水不动、全年最干燥的一个月，是贡山怒族人的年节。居住在福贡县北部的怒族也把一年分为十二个月，即织布月、新生月、雷雨月、布谷鸟叫月、砍山月、烧山月、栽秧月、盖房月、撒荞月、收割月、煮酒月、过年月。福贡县匹河一带的怒族则把一年分为三季。冬季，指每年 9 月底到第二年的 2 月底，历时 5 个月；热季，指每年 3 月初到 5 月底，历时 3 个月；雨季，每年的 6 月到 9 月，历时 4 个月。这些物候历法，虽不尽科学，但在中华人民共和国成立以前，一直是指导各地怒族人民安排生产生活的重要时间依据。

（三）栽种习俗

当怒族社会历史进入男耕女织的自给自足阶段之后，每逢农历的七八月，各家各户都要择日举行神圣的祭山神仪式（也有以村或民族为单位举行的集体祭祀），然后再用刀斧砍倒事先选定的地块上的树木；到第二年的农历二三月份就放火烧荒，再用木锄刨挖一次山地，接着祭地神，开始播种。在坡地上种苞谷则用木棍点种。怒族用木棍点种与山高坡陡、气候复杂有关（土地的坡度大多在 25°~50°，木棍点种震动小、入土深，且耕作土层不易流失，有一定的合理性）。

播种时只需砍倒一片杂木放火一烧，用木锄刨挖一下，撒上种子，不用管理，只等收获。第

怒族早期生产工具 供稿：彭义良

二年另砍一片又烧，又种，又收。第三年再易地重复。他们过着“刀耕火种，轮歇轮耕”的生活，只有少数怒族地区进入了牛耕阶段。

在这里，生产工具及设施的改进十分缓慢，大量的陡坡地没有灌溉条件，只能种植苞谷、荞子、饭豆、高粱、旱谷、洋芋等旱地作物。随着社会的发展，怒族人后来才从兰坪等地购进了简易的铁质农具，用于农事生产，怒苏语称其为“怒尔戈”或“俄中套”。

怒江大峡谷气候温暖，雨量充沛，各种杂草遍地蔓生，需要锄三遍以上的草，粮食才能得以收获。

互助习俗在怒族社会里比较盛行。由于耕种火山地需要砍伐成片的林地，怒族人烧荒、锄草、收割的时候都需要互助换工。凡村里人互助劳作时，一般每日除供三顿饭以外，不再付劳动报酬。互助换工的形式形成后，对于个别失去劳动能力的家庭，人们则会给予无偿的帮助。怒族人认为不关心这些人，良心上过不去，而且也是违背族规祖训的。人们在劳作上互助，在食物上互相周济，遇有特殊困难则相互体恤援助。由于有了这种互助互帮的传统美德和良好风尚，在怒族社会里也就从未有过出村乞讨的现象。

兰坪境内的怒族生产形式与附近的汉族、白族相同，懂得精耕细作，按节令下种。

(四）男女分工的习俗

在怒族社会千百年的发展历程中，形成了一整套男女劳力在生产生活中自然分工的习俗。这种分工归纳起来大致有如下几种情形。

1. 男耕女织

犁地耙田、开垦荒山等负责粮食生产的劳动主要由男劳力承担（家中若无强男劳力，某些活也可由女劳力取代，但这种情况是个别的）。割麻、剥麻、绩麻、纺线、织布等劳动一般都由女劳力承担。

2. 男外女内

男外女内，即所谓的“男主外女主内”。在外面的活或与外人打交道的事一般都由男劳力承担，而家务事，如烧火、煮饭、背水、喂猪、洗衣、洗餐具、扫地等一般都由女劳力承担。

3. 男重女轻

重体力活一律都由男性承担，而女性则做些如薅锄、推磨、筛簸粮食等比较轻松、体力付出相对较小的活儿。

4. 男粗女细

粗笨活一般由男劳力承担，如打板子、撬石头、背重物、扛大件物品等；女劳力则承担照料幼儿、老人，缝补衣物，制作女用随身饰物，以及绣花、打草鞋、打草席、加工豆豉、腌酱菜等活儿。

5. 男远女近

离家较远或出远门务工、经商、运送粮物之事一般都由男劳力负责；女劳力则做些晾晒粮食、吆雀赶鸡、养猪喂料之事。

6. 男险女夷

凿石放炮、砍树解板、驯牛、渔猎（在旧社会还有参与械斗的任务）等带有一定风险的事都由男性承担；女性则负责除草、施肥、浇水、割草等农事。

7. 男难女易

制作家具、农具、猎具、起房盖屋等活由男人承担；而摘瓜、摘豆、采野菜、采食用菌等活往往由女人们承担。

兰坪兔峨怒族支系若柔人的古歌《阿楼西杯》，反映了上述男女分工的习俗。其表现形式是兄妹对唱，对唱时男女双方面对面各站一排，人数可多可少，边喝酒边唱，边做一些简单的舞蹈动作。男女双方在吟唱时据理力争，充分表达自己在生产生活中的地位及作用，直至把一方唱倒为止。

怒族社会中的这套男女分工习俗还深刻地体现了怒族男性尊老爱幼、体恤妇女的思想。上了年纪的老人在家中已没有硬性的劳作任务，他们要做的事情是在红白喜事场合吟唱本民族的古歌，在火塘边给青少年讲述故事，向年轻人传授生产活动、文化活动中的绝活技艺，因此他们备受家人和族人的尊敬。

中华人民共和国成立后，在中国共产党的支

持和广大怒族妇女自身的努力下，部分怒族妇女的地位无论在政治、经济，还是在婚姻家庭方面，都有了前所未有的提升，男尊女卑观念逐渐被打破。女童入学，妇女参加工作、管理公务、参政议政、出门经商等男人能做的事妇女也一样能做到。

（五）交通习俗

怒族居住在澜沧江和怒江两岸，出门就有山，放眼就见水。要与江对岸（村寨的左侧或右侧还有注入怒江、澜沧江的支流河）的同胞们交流来往，眼前呈现的是波涛翻滚、汹涌澎湃的江水和危岩耸立、层峦叠嶂的山崖，他们最迫切的需要是过江，最大的难题是如何过江。为了解决这些难题，作为当地水上交通工具的溜索和独木舟、独木桥也就成为两岸怒族人民保持彼此间的交往与联系的主要渡江工具。

1. 溜索

溜索是怒族人民发明的用于渡江的重要设施，分为篾溜索和钢缆溜索两种。溜索离江面的高度是按涨水季节溜索与水面相距 6 米左右来设置的，可横跨江面100~130米。溜索在人们的生产生活中起着不可或缺的作用。

早期怒族地区溜索 供稿：丰卫祥

溜前心里都默念平安，祈求溜索之神保佑。逢年过节还要在溜索墩旁插香献酒。这些习俗各地怒族中都有，只是繁简有所不同。

如今，一座座跨江大桥取代了钢缆溜索、篾溜索，木制溜桩已成为文物，深藏于怒族老人们的记忆中。

2. 独木舟

独木舟作为水上交通工具主要在怒江流域的

怒族（也包括其他民族）中使用。澜沧江两岸的怒族以使用二合一的双木舟为主，独木舟仅限于

怒族地区的独木舟 供稿：丰卫祥

秋末至初春的枯水季节使用，因为这时水流平缓。

另外也有用数十根大龙竹并排捆扎制成竹筏作为渡江交通工具的，但不普及。在人们的必经之地若有小河流，也有长五六米的独木桥。独木桥取耐腐之材，数十年不用更换，通常以榧木为原料。

坐木船或坐竹筏是有讲究的，禁止那些做过伤天害理之事的人和携带麝香、水银的人过江，以免惹怒船神、水神和上苍而招致不测。在大集体时代生产队出资、出力修建的溜索或船只，外村、外地人渡江时还需交付一定的过江费。

现在，个别现存的钢缆溜索只是作为旅游观光、体验风情之用，而猪槽船、竹筏也仅成了冬春季节捕鱼者的捕捞工具。

（六）其他习俗

怒族民间禁忌性的习俗较多，这些习俗必须人人恪守。

（1）不能反戴帽子，不能反穿衣服。

（2）不能站立在门槛上，不能用刀棍敲砍门框。

（3）晚辈、妇女、客人不能坐到家中火塘的正前方。

（4）不能往火塘和铁三脚、支锅石上吐唾沫，不能随意移动铁三脚、支锅石。

（5）黄昏以后不能在屋里吹口哨。

（6）妇女或晚辈的裤子不能晾挂在男性长者经过的地方。

（7）妇女和晚辈不能在老人面前放屁、讲丑话。

（8）客人不能随意打主人家的狗。

（9）儿媳妇不能和公公坐同一条凳子。

（10）公公不能随意走进儿媳妇的房舍。

（11）除夕之夜不能串门。除夕的晚餐要先喂狗。

（12）村里办丧事时不能在家捣蒜或舂辣椒。

（13）春节时家庭成员在外未归则不能烧香。

（14）做买卖、互赠礼品不能有数字七与九的含义。

（15）进入高山密林时，互相不能呼唤真实姓名。

（16）听到不明声音呼唤自己时，不能答应。

（17）不能在村里人祭鬼的处所解大小便。

（18）不能用脚踩踏印有文字的书籍（纸）。

（19）日出前不能向别人谈论自己夜里做梦的内容。

（20）除夕前借人家的财物必须还清；不过

正月十五不向外借钱物。

（21）祭鬼、出远门、做大宗买卖、杀过年猪、办喜事、打官司、造坟墓、起房子都必须看日子。

（22）给人盛饭时筷子不能插在饭上（供给死者时才这么做）。

（23）给客人倒茶不能满杯。

（24）孕妇不能吃体内带崽的动物肉，不能攀枝摘果。

（25）小孩不能吃动物内脏。

（26）父母健在时儿女腰间不能系麻绳和白色的绳索，男孩不能蓄胡须。

（27）坐船时不能携带麝香。

（28）餐桌上的碗钵不能倒扣着摆放。

（29）旧社会怒族人还忌住瓦房。

（30）春节期间不能清扫宅院。

（31）造房时不能造偶数房（即不能造 2 格、4 格、6 格的房而只能造奇数房，但不能超出 5 格）。

(32) 院坝、走廊的水平线不能高于室内的地板。

二、宗教信仰

怒族是信奉宗教种类较多的民族。

怒族的宗教信仰有两个范畴，即原始宗教信仰和人为宗教的信仰。其信奉原始宗教的历史十分久远。按其崇拜的一般对象上来看，主要表现为自然崇拜、鬼神崇拜、灵魂崇拜以及巫师崇拜。

(一) 原始宗教

1. 自然崇拜

自然崇拜是怒族民间普遍存在的原始信仰现象。在万物有灵的思想支配下，人们认为日月、星辰、电闪、雷鸣、山崩、地裂、刮风、下雨，水、火、山、石、草、木、禽、兽、鱼、虫、声、影等都有灵性。这些事物一旦发生异常，都被判断为与人类的吉凶祸福有关联，必须加以膜拜、祷告或祭祀。

祭祀的原因是见到了自然的异常现象，随即

发生人丁病亡或牲畜瘟疫、庄稼受灾等。祭祀前必须请祭司（巫师）占卜，决定在何时何地祭祀，以什么作牺牲等。祭祀活动通常都排斥女性参与。

2. 鬼神崇拜

在怒族传统观念之中，“鬼”和“神”尚不能明确加以分辨，但人们坚信“鬼”的存在。认为“鬼”通常都是来无影去无踪，但它无处不在。只要人对它有不敬的言行或无意中的冒犯，“鬼”无一例外地会作祟于人。所以人们得处处提防。经常被人们祭祀或提防的鬼神有：瘟疫鬼、血鬼、死鬼、山鬼、恶鬼、天神、地神、山神、克神、河神、谷神、树神、厄运鬼、冷鬼、崖神、诅咒鬼、嫉妒鬼、关节鬼、污秽鬼、夜鬼、哦得鬼、外民族鬼、阴兵鬼、凶死鬼、馋鬼、眼疾鬼、火神、灶神、雨神、亚拉、亡魂、坐米起神、丘育恶神、穷那底布、昂布拉、梅阿开、皮康子、跃于、褚腊、埋尼、玛日、牛亏、该务、勒斯务、白豪、白吾真、院坝鬼、吉米达、路边鬼等等。

人们若遇不祥与祸殃，经占卜后必须一丝不苟地举行祭祀活动。祭祀的牺牲物根据实情，用蛋、鸡、猪、羊、牛等。

3. 灵魂崇拜

怒族民间普遍有魂灵观念。一般认为，男人有九个魂灵，女人有七个魂灵。在正常情况下，魂灵在肉体中。当灵魂离开身体的时候，人就会沉沉而睡、精神恍惚、久病不愈、昏迷不醒。魂灵有其化身，如怒苏支系普遍认为绿蜘蛛是人的魂灵的化身，而若柔支系的人则把红蜘蛛看成魂灵的化身，都不能加以伤害。给失魂落魄、久病不愈的人举行喊魂祭祀活动时必须捉回一只绿（红）小蜘蛛放入病者的头发或衣被里，以示魂魄已被招回。魂灵最终的栖身之所，是祖先的居栖之地，因此，人死了以后，要将他的魂灵送到祖居地。

4. 巫师与巫术崇拜

在怒族社会生活中，巫师的身影几乎无所不在。他不仅是人与鬼神之媒，专门为人们提供灵域鬼界的信息和服务，而且还常常是世俗事务的解助者，是世俗生活秩序的最终保障，从而成为人们崇拜的对象。巫师（有的地方叫祭司）因其所具有的本领和各地方言的不同而有不同的称谓。

怒族民间认为祭司（巫师）一般都有魔法，既能解救于人，也能加害于人，因而巫师是最被人敬畏的。

巫术崇拜在怒族社会中十分盛行。要确知某一事象究竟缘何发生，如何解决，必须通过占卜来断定。正式的占卜要由巫师来主持，占卜之后，要举行一定的仪式来达到趋吉避凶的目的。怒族的占卜方法很多，比较常用的有手卦、酒卦、刀卦、签卦、贝卦、蛋卦、血卦、米卦、火灰卦、绳卦、鸡骨卦、猪卦、肝卦、胆卦、水卦、棉纸卦、烟卦等等。

怒族社会中也有图腾崇拜的现象但并不典型。

自从人为宗教传入怒江峡谷并被广大怒族群众接受后，信奉原始宗教的现象就只存在于澜沧江峡谷的怒族地区和怒江峡谷不信奉人为宗教的

怒族群众之中。

（二）人为宗教

怒族原始宗教经过数千年的发展已经变成怒族的“正统宗教”，然而在其发展的过程中，自清朝至民国年间，近百名传教士纷至沓来，传教于怒江大峡谷。经幡高扬，教堂随处可见，《赞美诗》弥漫峡谷南北。外来宗教的传入，打破了怒族原始宗教大一统的格局。

贡山丙中洛甲生村委会东风普化寺　供稿：丰卫祥

1. 藏传佛教传入怒族地区

清乾隆初，四川省德格县佐钦寺喇嘛杜建功

将藏传佛教传入贡山怒族地区（传入怒族地区的喇嘛教属藏传佛教宁玛教派），教徒以藏族和怒族为主，选用藏文经书。清道光五年（1825 年）至光绪三十年（1904 年），是怒族地区藏传佛教的鼎盛时期，相继修建了藏式喇嘛寺娄扯寺、香巴拉宫和飞来寺，汉式喇嘛寺普化寺（又名兰顿林）。当时住寺喇嘛有 100 多人，活佛卫队 70 多人。清光绪三十年（1904 年）后，由于该地区的喇嘛教受天主教冲击，再加上管理混乱，寺庙年年赔款，致使怒族地区喇嘛教开始走向衰落。到 1949 年，住寺喇嘛只剩 28 人。1958 年，住寺喇嘛全部还俗回家居住。1986 年，喇嘛教又恢复活动。

2. 天主教传入怒族地区

1896 年，法国籍神父任安守把天主教传入贡山怒族地区，随后有瑞士人罗神父、赖昭、国遵贤、艾真理、沙百雷，法国人安德勒，中国康定人李文增、维西人施光荣到怒族地区传教，并先后建盖了白汉洛、重丁、秋那桶、查腊等 6 所天

主教堂。1949 年共有教徒 978 人，1988 年发展到 1218 人。

贡山丙中洛甲生村委会重丁天主教堂　供稿：丰卫祥

怒族地区的天主教规定，教徒入教需由正式教徒介绍，经教会考核同意，参加洗礼，才能成为天主教徒。教徒所生小孩必须在 8 天内洗礼。洗礼是为了洗去教徒身上的“原罪”和“本罪”，一般在小教堂或洁净的家里进行。

3. 基督教传入怒族地区

1913 年，基督教传入怒族地区。基督教的传入来势迅猛，范围广大。如果说天主教的传入只局限于少数怒族地区和小范围人群，那么基督教的传入则遍及整个怒江地区的傈僳族、怒族、独龙族以及少数的白族、汉族等民族。怒族的原始宗教受到极大冲击，宗教信仰也随之多元化。

基督教传入怒族地区以来，先后有英国、美国、法国、德国、瑞典、加拿大和缅甸等国的传教士到怒江地区进行传教活动，并逐渐形成了内

福贡匹河怒族乡老姆登基督教堂 摄影：亚莎

地会、神召会、基督会 3 个教派。传入怒族地区的基督教经书为傈僳文译本，有《旧约》《新约》和《赞美诗》。怒族地区基督教的节日有复活节、

感恩节、圣诞节，后又新增加了元旦节。基督教传入后，在怒江州大部分地区普遍建立了传教基地——教堂，为长期施教布道奠定了基础。

怒族地区基督教教牧人员分牧师、长老、执事、传教士、礼拜长5级职制。每教区设1~2名牧师，处理区域内的重大宗教事务，由省级以上的教会施行按手礼仪式。长老，即一个小区域内的教会总管，由牧师选拔，全体神职人员讨论通过后任职。执事，即村社教堂中的总管，由教徒推选，经教会认可后任职。礼拜长，即礼拜时安排传教讲经人员的负责人，由教徒选举产生。入教者需经过一年的培训，由教牧人员考察后，参加洗礼，才能成为正式基督教徒。参加洗礼的入教者一般为成年人。基督教认为通过洗礼，可以赦免他们的“原罪”和“本罪”。洗礼一般在长流的小河或野外洁净的水塘里进行。

文化艺术

一、传统文化

（一）民居文化

史书上有怒族“覆竹为屋，编竹为垣”① 的民居生活描述。

各地怒族因其所处环境条件有别，故其房屋结构形式与材料使用也有差异。除了怒族先民最原初的居形住式——洞居外，近代以来，怒族的民居建筑大体可以分为茅草房、千脚落地房、木楞房、土墙房、石片顶房五种类型。

1. 茅草房

茅草房是怒族地区一种古老的民居类型，曾长期作为各地怒族的主要民居形式。以茅草覆顶，以竹篾为墙，就地建盖。

---

① 余庆远：《维西见闻纪》，见清阮元《云南通志稿·南蛮志·群蛮·边裔》，清道光15年（1835年）版。

2. 千脚落地房

千脚落地房是过去怒族地区比较普遍建造和使用的干栏式民居。占卜选好地基后，顺着山势将地基稍加平整，沿纵横两个方向、按一定间距挖出数十个二三尺深的土坑，把柱子植入，用土和石块将缝隙填实。因为接地的柱子除了 3 根支撑顶梁的柱子以外，一般比较细小，为增加支撑力，往往用得很多，排列也较密，故而被形象地称为千脚落地房。此种居屋形式以福贡一带的怒族居多。

3. 木楞房

木楞房是澜沧江流域和怒江北部区域怒族的主要民居式样。木楞房具有就地取材、因地制宜、建造方便的特点。一般选用 5~6 米长，直径 15~20 厘米的云南松，去皮晾干后，在筑平的地基上采用简单的榫卯结构一根复一根、一层复一层地垛摞搭建而成。这种房屋在备好料的基础上十几个人约一天即可建成。木楞房搬迁极为方便，只要将前后左右木楞墙的每根木料编上序号即可。

木楞房经久耐用，一般可使用百年以上。

4. 土墙房

建土墙房时，在平整好的地基上挖出 1 尺来深的四壁墙脚，铺垫一层石料，架好木板墙框，接着把和好的土往框里填放，再用冲墙棒将土夯实，打造出四壁，再将房梁架在土墙上，最后以茅草、石片或木片覆盖。这种房子，较木楞房更加结实耐久，冬天的保温性能更好，只是雨季湿热。这是家庭条件较好的怒族人家首选的民居。

5. 石片顶房

石片顶房为贡山丙中洛一带怒族的住房形式。一般以土石为底墙，垛木为楼，石片盖顶，故而得名。

（二）饮食文化

怒族作为山地民族，其食物来源广，品种杂且多，反映在饮食文化方面也有多姿多彩的特点，地方风味特别浓厚。

1. 肉拌饭

肉拌饭是福贡怒族民间的特色食品之一。食

用肉拌饭是怒族团结和睦、合家团圆的一种象征。在重大喜庆节日到来时，条件较好的人家都习惯烹制肉拌手抓饭。做好的肉拌手抓饭放到大簸箕里，一家人团团圆圆在簸箕旁享用。

怒族特色手抓饭　摄影：李彦霖

2. 侠拉

侠拉为怒语，意为肉酒，怒族常用它来招待贵客。一般用鸡肉和上好的烧酒做原料。其烹饪方法是将猎获的各种野生动物或鸡肉砍成 2 厘米厚的小块，将锅架在三脚架上，加入漆油或酥油，待油温升至七八成热时，再将肉放入锅中煸炒，至肉皮变黄后将柴取出改用文火，最后将上好的烧酒倒入锅中，盖上锅盖，焖上10来分钟即可。它还是怒族滋补身体，强壮筋骨，治疗风湿病、妇科病的上乘进补药膳。

3. 巩拉

巩拉系贡山怒语。巩义为鸡蛋，拉义为酒。两字合起来的意思是鸡蛋炒酒。其制作方法是先将鸡蛋用漆油煎炒后，再将所需的酒倒入锅中烧开即可。其功能与侠拉相似。

4. 琵琶肉

琵琶肉是贡山怒族地区别具风味的食品。每年冬腊月过年宰猪时，怒族人家都要腌制琵琶肉，因腌制的整头猪形似琵琶而得名。以此方法腌制的琵琶肉可以储存数月到几年而不腐败，味美肉香。

5. 苞谷砂稀饭

苞谷砂稀饭是怒族的一种主食。其制作方法是将晒干的苞谷加适量的清水放入碓中舂成豌豆大小的去皮颗粒。煮苞谷砂稀饭的方法是将苞谷

砂放入铁锅内（最好用土锅），加入足够的水，用文火煮一两个小时即可。吃时以辣椒或豆豉等佐食。如将猪脚、排骨、腊肉或火腿等混着苞谷砂一起煮，其味道更美。

6. 东坡红炖肉

这是兰坪若柔地区流行的一道美食，专供重大喜庆设宴之用。烹制方法：选优质新鲜带皮五花猪肉（每桌每碗 400 克左右）洗净，切成 3 厘米见方的坨坨肉，放入锅中武火爆炒至水汽已尽；再放入适量食盐，加水入锅，待水涨后改用文火，煮至水汽已尽，立刻放入红粬米粉及适量白酒与少许草果粉，用文火混合翻炒；再点火炝之使其着色，待着色成功肉色鲜红时，可出锅上桌。东坡红炖肉色香味俱全，是喜宴餐桌上的佳肴之一。

7. 荞米饭

荞米饭的加工方法是将晒干的荞子用温水泡至破皮，捞起晾干后放入碓中加入少量的温水舂。将荞子舂脱皮后，就可用筛子将荞皮筛去，剩下的就是荞米。荞米既可煮成干饭也可煮成稀饭，

兔峨若柔东坡红炖肉　摄影：李彦霖

其制作方法与苞谷砂稀饭相似。

8. 扁米饭

扁米饭的制作方法是将刚刚成熟但还未收割的稻谷、苞谷、小麦等摘来，放在锅中焙干炒熟后，再将这些炒熟的苞谷或稻谷放进碓里舂一舂，将皮用筛子筛掉即可食。这种食品系零食，为怒族尝鲜的方式之一。

9. 石板烙饼

贡山怒族称“龙布拉快”，意为石板烤粑粑。“龙布拉”这种石头产于贡山县的秋那桶。将调好的面倒在烧热的石板上烤熟即可。

“龙布拉快”石板烙饼　供稿：丰卫祥

10. 荞面粥

这一饮食流行于贡山境内，常用于丧事。贡山怒族认为在老人死后吃一顿荞面粥，可为死者打通从人间至天堂的通道，并以此来祭奠亡灵。

11. 红烧硕鼠

竹鼠、飞鼠、雪鼠、松鼠、山鼠等是旧时怒

族向统治者缴纳的贡品及赠送亲友的山珍。其方法是将这些鼠剥皮、去内脏，砍成小坨后放入锅中用漆油煎黄，再放入葱姜辣椒等作料与水一道焖熟即可。

12. 漆油茶

漆油茶是怒族所喜爱的饮品之一。原料为漆树油、核桃仁、芝麻、茶水、盐等。其制作方法是将茶叶放在锅中干焙至黄色后，再将开水倒入锅中煮。接着将锅中的茶与水一同倒进一个篾编的勺状器皿中将茶叶滤出，水与漆油、核桃仁末、芝麻、盐等一同放在一个特制茶桶中反复搅拌片刻，即可倒入杯中畅饮。

13. 酥油茶

居住在贡山县内的怒族人家还常常饮用酥油茶。通常用牛奶、羊奶加工成酥油。其制作方式是将酥油放进打油筒里，加进鸡蛋、盐巴，再加入滚烫的茶叶开水，反复进行搅拌，10 多分钟后倒入篾漏斗里，滤出渣滓，只喝乳黄色的汁。

14. 烤茶与烧茶

怒族有饮茶的习惯。他们饮茶的方法比较特殊，其方法有两种，一是烧茶，二是烤茶。

15. 漆油炖鸡

漆油炖鸡是福贡、贡山怒族民间的滋补膳食之一。烹饪方法是先将鸡肉砍成小坨，放到七八成热的漆油中炒黄后，再将姜、草果、八角、盐等作料与足够的水先后倒入锅中盖好盖，焖煮半个小时左右即可食用。

此外，澜沧江流域的怒族支系若柔人家还擅长制作样肠（有香肠、荞面肠、糯米肠、豆腐肠等品种）、鸡肉丸子汤、鲜肉末氽汤、生皮凉拌豆腐豆芽、连渣捞、麦芽糖、甜白酒等风味食品。

（三）服饰文化

中华人民共和国成立前，怒族地区普遍种植大麻。凡制作服饰、垫盖用物主要以麻为原料。怒族妇女通常用腰织机织出各种花色的麻布，然后根据需要用手工缝制成各种衣物和日常用品。

贡山及福贡怒族男子过去的传统服饰基本相

福贡怒苏服饰　摄影：亚莎

同，头部均蓄长发编辫或披发，上身穿及膝的对襟麻布长衫，下身着麻布裤，腰系藤条或麻绳，常以麻布绑腿或竹绑腿缠裹小腿，以便在山林中劳作或狩猎。基本上常年赤足。成年男子习惯左肩挎弩弓及箭包，右腰部位佩带长刀或短刀。兰坪的怒族男子服饰受当地白族和汉商的影响较深，均头缠包头或戴圆顶小帽，身着对襟棉布长衫，有的还外套马褂，下穿长裤，脚穿布底鞋、草鞋或赤足者皆有。服饰装扮因各自经济收入不同而有所差异。中华人民共和国成立后，怒族男子服

贡山怒族妇女服饰　供稿：彭义良

饰均趋于汉族现代装束。

怒族女子服饰各地风格迥异，形制款式皆有不同。贡山怒族女子服饰深受藏族服饰的影响，头顶方形麻布帕或五彩怒毯帕，用发辫或辫型物紧箍在头上，上身穿贴身麻长衫，外穿深色坎肩，胸部挂红、绿串珠，下身穿长裤，不穿裙子，裤外围一块长及脚踝的怒毯，腰上系一条约 3 寸宽的竖条纹彩色腰带。青年妇女还喜欢在腰前围上一块彩色氆氇围裙，喜用精致的竹管穿两耳为饰。福贡怒族妇女服饰与傈僳族妇女服饰相互影响较大，外人若无专业眼光很难区分彼此。女子头戴由珊瑚、玛瑙、贝壳、料珠和银币等穿成的“吾普都阿”头饰，传统衣着为右衽麻布短衣和麻布长裙，现已演进为上身穿白色长袖衣，外罩一件深红色、黑色或深蓝色镶花边的夹袄，下身穿一条深色的大摆长裙。已婚妇女在衣裙上镶坠花边，在胸前佩戴用彩色珠子串成的项圈和俗称“勒呗”的贝带，耳戴垂肩的大铜环或银环，肩挎自己缝制刺绣的怒包，兼有装饰和盛物的功用。兰坪怒族妇女头缠包头，生活宽裕的人家打大包头，上身穿前襟短而后襟过膝的蓝色粗布衣，下身穿裤子，系围腰，围腰之厚薄、花色之多少、腰带之长短以主人的经济状况而定。富裕人家的妇女皆戴耳环、耳坠、玉镯，脚穿绣花布鞋；普通人家的妇女平时穿草鞋，节日穿掺杂布条的草鞋。

怒族地区已没有以大麻为原料的传统服饰。现在，只有在节庆活动时，为展示本民族的传统文化，怒江流域和澜沧江流域的怒族男女青年才身着设计新颖的本民族盛装。其他时候都着时代

流行装。

(四) 民间教育

真正意义上民间教育始于人类的文明时期。在漫长的历史长河中，怒族以民间教育的形式，创造并延续了本民族的优秀文化，促使本民族生生不息、不断发展。

1. 民间教育的目的

怒族民间教育形式多样、内容广泛，但归结起来，教育的内容不外乎是德育教育和生产技能的培训。教育的目的是培育德、能、勤的社会成员。千百年来，怒族社会对后代的教育十分重视，提倡树立德、能、勤的思想，督导德、能、勤的行为，颂扬真、善、美，惩戒假、恶、丑，尤其倡导团结友爱的互助精神。

2. 民间教育的场所

从广义上讲，怒族的所有生活空间都是教育后代的场所，生产及生活的全部内容便是教育后代的内容。

(1) 在火塘边启蒙成长。

从个体家庭的角度来看，火塘就是怒族早期教育的场所，一个人的童年时光大部分要在这里度过。火塘还是人们学习生活知识、历史文化知识的重要场所，因为怒族许多重大的事件都与火塘有关。从这个意义上讲，火塘便是怒族儿童接受启蒙教育的学堂，家中的老人、父母、兄长即是启蒙教育的老师。

（2）在“哦吆”（怒江流域的南部怒语）中自修完善。

从社会的角度来看，怒族还有一个特定的、富有特色的教育场所——“哦吆”。“哦吆”在各地怒族村寨都有，可以理解为闲置的房子，是供青年男女聚会的场所。换言之，它是没有近亲关系的青年男女的活动中心。

“哦吆”是培养少男少女们性格、气质、技艺、社交能力的公共场所。当孩子们进入恋爱期后，这里又成了他们谈情说爱的场所。从“哦吆”的功能来看，它事实上是民族社会为每个尚未成年而又将进入成年阶段的成员准备的一种自

修式的教育场所。

（3）在“我哞”（澜沧江流域的怒语，即东部怒语）中深造提升。

“我哞”，泛指人们获取物质资料的一切实践活动。“我哞”是怒族社会中每一个发育健全的成员都必须参与的活动。在参与“我哞”的过程中，经过上辈人的言传身教，成长中的社会成员学会了为人处事、待人接物，掌握了耕作、砍伐、修造、狩猎、编织、采集等生产生活技能。人们离不开“我哞”，并在“我哞”中得到深造和提升。

3. 民间教育的方式

（1）以民间格言俗语诱导人们行善。

（2）传唱《教儿歌》，教育后代行善。

（3）讲述民间故事，警示后代辨别善恶美丑。

（4）言传身教，培养勤劳人才。

（五）民间医药

由于历史和环境的原因，怒族民间的医学、医药、医术发展缓慢，又由于万物有灵观念深入人心，怒族普遍信奉巫道神医，这就更加制约了医药的进步与发展。凡遇生病或劳作外伤时，实行“两条腿走路”——既用药又祭祀，双管齐下，这就是民间所谓的“神药两解”。怒族世代生活于深山峡谷之中，身居“药物王国”的圣地，俗称“脚板底下三棵药”。怒族地区蕴藏有中草药1000多种，其中收入国家药典的有6大类146种，收入地方药品标准的有44种。在《峡谷深处的健康智慧》一书中还收录了怒族民间常用的327个药方。[①] 所以人人识几味、家家懂几方是司空见惯的事，但少有脱产的民间医师，名家则更少。尽管如此，集千百年之经验，怒族民间也不乏验方、单方、偏方，且涉及内科、外科、男科、妇科、泌尿科、神经科、胃肠科、五官科。虽然不系统，不严谨，有些或许不科学，但它对怒族这个群体的生存与发展是功不可没的。怒族民间医药至今仍显示出强大的生命力，闪耀着异

① 王志红、谢薇、杨云箐：《峡谷深处的健康智慧——怒族传统医药》，云南民族出版社2015年版。

样的光芒，其不失为中华民族民间医药的组成部分和重要财富，应予以重视与保护，值得认真发掘、搜集和总结。

怒族民间医疗能医治的一些疾症：呼吸道炎症、消化系统病症、暑呕吐症、中毒症、眼疾、牙病、跌打损伤、筋骨痛、毒蛇咬伤和其他动物咬伤、肿瘤包块、男科病、妇科病、疗泌尿系统疾病等。

怒族民间常用药涉及700多种，有关专家目前搜集到怒族民间药方340多方。

（六）民间体育

怒族民间体育形式多样，内容丰富，生产劳动与体育融为一体，二者互为条件，互动发展。怒族民间体育常常有这样的一些情形：一些生产劳动本身就是体育运动，一些体育运动本身就是生产劳动，体育运动与体力劳动之间相互联系，有些更是密不可分。尤其是怒族民间体育和民间游戏之间更是融劳动、体育、娱乐为一体。怒族民间体育有以下数十种：登山、射弩、秋千、摔跤、走高跷、顶棍比力、甩石头、跳高、爬竹竿、踢脚、抬腿跑、斗腿、斗角、拉力赛、过溜、赛船、甩麻秆、跳绳、爬绳、以石击靶、拔河、梭坡、双手走路、头手联合走路、打棉球、打竹球、转杆、顶竿、打陀螺、踢鸡毛毽等等。

（七）称谓文化

怒族对爷爷、奶奶、外公、外婆、父母、伯父、伯母、叔父、婶婶等称谓明显带有普那路亚婚的遗迹；怒族对不同氏族的称谓往往包含有其图腾徽号之意；怒族对儿女排行的称谓不是按自然数的顺序进行排列，而是一种类似甲、乙、丙、丁的称谓法。

（八）婚俗文化

历史上怒族实行氏族外婚制。以舅表婚、姨表婚为主，多数为父母包办，也存在自由恋爱，但非表亲者难成眷属，所以逃婚之事时有发生。怒族常以讨娶外族女子尤其是汉族、白族女子为荣。在怒族中寡妇再嫁不受歧视，有兄故而弟娶嫂之风俗。普遍盛行一夫一妻，但条件优者，异

地可另有妻，一夫多妻而共居一院者少见。一般女十五六岁，男十七八岁即可完婚。

（九）节日文化

怒族的节日习俗因其分布地的不同而有所不同。由于与傈僳族、藏族、白族等杂居，一些节日为各民族共有，另一些节日则具有怒族自身的特点。（1）年节：过去怒族实行每3年过1次，现在各地怒族都实行1年过1次，时间大体与春节同。（2）“阔时”（当地傈僳族的年节）：有些地方的怒族也像傈僳族一样过“阔时”，每年12月20日左右举行。（3）“汝为”（祭谷神之义）、“夸白”（敲犁头之义）：为福贡县匹河一带的节日，男性参加，在春节期间举行，主要目的是祈求来年风调雨顺、五谷丰登。（4）“如密期”（洗寨子之义）：意在清洗和祛除全寨当年的邪气，以求来年村寨人畜平安、五谷丰登。此节主要在福贡怒族中盛行，一般在新年的春耕前夕即3月6日举行。（5）“乃仍节”（又称鲜花节或仙女节）：此节是贡山怒族的盛大传统节日，每年的农历三月十五日在贡山县丙中洛举行，节期 3 天，是为纪念传说中为怒族民众作出重大贡献的少女阿茸而举行的。(6)“版踏”（敬山林土地神之义）：兰坪县兔峨乡怒族的传统节日，一般在春节期间举行。(7)“周登走”（又称尝新米节）：每年新米产出后所享用的第一顿饭，一般先喂狗，之后人方可食用。现在定为“周登走”节，每年农历的九月上旬举行。除了本民族的这些传统节日外，怒族现在也过汉族的清明节、端午节、中元节、中秋节。还过白族的火把节。过节的形式与汉族、白族趋同。

（十）民间游戏

儿童的天性是热爱自由、热爱生活，他们从小就喜欢玩耍、嬉戏。有的游戏很有特色，且饶有情趣，有益于开发儿童智力，促进儿童身心健康和增进友谊。至今，在怒族儿童中间还流传着许许多多的游戏，十分有利于培养儿童的自信心和自豪感。归结起来，怒族民间游戏有：打竹筒电话、打核桃、下“母猪棋”、捡石子、打水枪

战、玩叭叭枪、老鹰捉小鸡、跷跷板、跳“老虎”背、埋“死人”、“日木达”（猜物）、划拳罚弹、煮泥饭、捉迷藏、传布条、偷鸡蛋、讨饭、讨“南瓜”等等。

（十一）民间故事

民间传统文化中还有讲故事、猜谜语等形式，在怒族社会也广泛流传。民间故事中最有代表性的有《洪水泛滥》《龙女故事》《孤儿故事》《除妖故事》《大力士故事》《爱情故事》《生活故事》《动物故事》等。

二、传统工艺

（一）绚丽的纺织工艺品

怒族以擅长纺织而著称。怒族妇女纺织的工艺品色泽赛过彩霞，款式大方别致，其质地精美耐用。

1. 怒毯

怒毯是怒族自制的一种有着特殊花纹、质地轻柔、色彩艳丽的毯子。过去，怒毯是以麻为原料，现多用棉线、腈纶线、毛线纺制。贡山怒族、西藏察隅怒族使用踞织机纺织；福贡、兰坪、泸水怒族多用腰织机纺织。贡山产的怒毯较其他地区产的怒毯色彩更加艳丽夺目，图案更为精致美观。兰坪、泸水、福贡怒族在织布时慎用红线，认为红色会招致外伤流血等。根据怒毯的幅面和款式可分别缝制成头帕、上衣、腰带、围腰、床单、粮袋等。怒毯既是自用的上好织品，也是馈赠亲友的上乘礼品。

2. 怒式花挎包

怒式花挎包怒语叫“牙慧”，是怒族勤劳和智慧的象征。怒式花挎包很受人青睐，它既是男女情侣的信物，更是馈赠亲友的上乘之品。

3. 羊毛袜子

怒族妇女自幼学习编织羊毛袜，特别是居住在怒江北部贡山的怒族妇女，更善于编织羊毛袜。女孩长到七八岁时，就要跟母亲学搓羊毛、编织袜子，等到十七八岁时，便能练就一手很好的技术，编织出精美的袜子。羊毛袜还往往作为女孩

爱情的信物被送给心仪的男友。于是，这种将生产技能与表达感情合二为一的传统习俗便一直流传至今。

4. 网袋

网袋是怒族以棕绳、麻绳和麻线为原料编制而成的一种网式背袋，怒语叫“匹汉”，也是怒族最古老的工艺品，产生和使用的年代久远。“匹汉”形似渔网，可以把怒族男人外出狩猎和渔猎时所需的炊具、食品和衣被装进其内，既耐磨又方便，很适用于狩猎和渔猎生产。

（二）精美的竹编、草编制品

1. 竹编制品

竹编是各地怒族的传统工艺，制作的竹器品种繁多，主要有囤箩、簸箕、摇篮、饭盒、针线盒、首饰箱、碗具挂篮、小圆凳、篾篓、篾筐、背柴篮、幼儿娱乐篮、粪箕、鱼篓、筲箕、竹筛（分大筛、中筛、面筛），其中最著名的是怒碗（匹河怒语叫“怒斯”）、转扇和饭盒等。怒碗其形如盘，有底圈，有顺势延伸的圆形口边，大者

福贡匹河怒苏竹篾手工制品　摄影：李彦霖

直径约66厘米，小者直径10~15厘米。无论大小，碗的中间都不留接头，篾片大小一致，边口十分光滑。现在，怒碗不再用于盛饭，而是用作糖果盘、观赏陈设品。

怒式转扇的扇面为圆形，直径二三十厘米不等，扇柄正好是这个圆扇面的切线，扇柄固定于小竹筒之中。使用时，只需摇动竹筒，扇子就会绕柄旋转，省力美观，集观赏性与实用性于一身，既可日常使用，又可收藏或馈赠亲友，实属扇类中的极品。

怒式饭盒，高约10厘米，宽约12厘米，长约22厘米。用上好的篾片编制而成，主要用于野外劳作时装盛食品等，也可作馈赠礼品。

2. 草编制品

草编制品是怒族生活用品中的一大特色。主要有用作坐具的草墩，盛粮、盛面的草囤箩（型号有大有小），以及草编枕头、草席、草编甑子、草编锅盖、草编甑盖、草帽、草鞋、草绳等。这些草编用品各地怒族都有生产。

如今，许多怒族人的居家用品已被金属、塑料制品所取代，但竹编、草编制品仍然受人青睐，作为商品开发其售价也不菲。

（三）古朴适用的陶制品

怒江传统陶制品 图片来源：怒族博物馆

制陶是怒族民间传统工艺之一。怒族人烧制的陶器品种有背水桶、储米罐、锅、碗、钵、壶、杯、盅、火炉、香炉、酱菜罐、酒罐、酒坛、药罐、水缸、茶罐等。这些陶制品属褐色夹砂陶，做工精细，内外光滑，外形古朴大方，既美观又实用。怒族烧制陶器的历史悠久，其主要产地是福贡县子里甲乡亚谷村加车自然村和西藏察隅县察瓦龙乡龙普怒族村，这些地方生产的陶器闻名遐迩，畅销外地。

(四) 经久实用的木制品

怒族使用木制品的历史十分悠久。木制品的加工制作作为一门手工工艺，如今已淡出人们的生活，而在过去，木制品在人们日常生活中则随处可见。如木碗、木钵、木盆、木盘、木甑、木瓢、木勺、木柜、木箱、木桌、木凳、木背板、木枕、木桶、木锄、弩弓等等。这些木制品，在怒族人家的生活中至今未完全被废弃。

弩弓是怒族人家的宝物、神物，因为它能彰显男人的强悍、威武。在古代它还是御敌、狩猎的核心武器。弩弓制造工序比较复杂，制作技术要求高，难度大。选材十分考究。

“达比亚”——怒族人民的吉祥物。“达比亚”又叫“达标”，当地汉族人称怒族琵琶，通体使用一整块木料制作。主要用于怒族舞蹈的伴奏，也是怒族男子随身携带的心爱之物。它既可与舞相伴，又可单独弹奏，表达演奏者的喜怒哀乐，也可弹奏爱情之声，倾吐爱慕之情。“达比亚”是怒族人民智慧的结晶，也是怒族人民用勤劳的双手创制的一种传统乐器，深得怒族人民的喜爱，被云南省人民政府评选为怒族吉祥物。

三、传统艺术

（一）古代绘画艺术

20 世纪 50 年代考古工作者在怒族地区发现古文化艺术遗迹，主要是古崖画，共有两处——吴符崖画与腊期底古崖壁画。

福贡匹河吴符崖画 摄影：罗金合

吴符崖画位于福贡县匹河怒族乡托平村吴符寨西南方向2公里处的吴符岩穴内，不曾受到日晒雨淋和风化，图像还基本完整，主要内容是山、河、日、人、鸟等原始图像。有的画面结构简单，有的画面结构复杂。

腊期底古崖壁画位于福贡县匹河怒族乡果科村腊户翁都寨东南方1.5公里处，腊斯底寨西南侧洼地里的悬崖峭壁上。此处崖壁高约15米，宽约50米，崖画主要分布在崖壁下半部。分为三部分：第一部分画面长12米，第二部分画面长2米，第三部分画面长1米。崖面绘有天、地、日、动物等图像，有的形似男子，有的却无法辨出是何种造型。

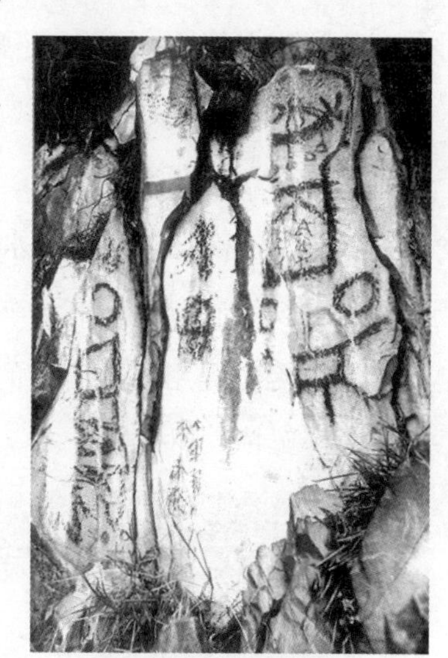

福贡腊斯底古崖壁画
摄影：罗金合

工笔重彩壁画现存于贡山县丙中洛普化寺，属怒族僧人所画的反映藏传佛教主题的壁画。另外，怒族民间祭司主持祭祀活动时随手所画的符咒、鬼牌等也属于当地传统绘画艺术。

（二）民间纺织、刺绣艺术

怒族擅长纺织，贡山一带怒族纺织的怒毯（现多以棉线、毛线、腈纶线为原料）比彩虹还要鲜艳夺目。贡山、福贡等地的怒式挎包是收藏和馈赠亲友的极佳礼品。泸水、兰坪等地的怒族还擅长刺绣，在幼儿背衫、妇女围腰带、布鞋、儿童帽、挎包等用品上所绣的花、鸟、鱼、兽图案，色泽鲜艳，栩栩如生。

贡山怒族民间纺织　摄影：刘开第

兰坪若柔民间纺织　摄影：刘开第

(三) 雕塑与雕刻艺术

怒族民间的雕塑作品不多，最具代表性的还是丙中洛普化寺内的雕塑群，可惜绝大部分雕塑作品皆毁于“文化大革命”时期，现存无几。而雕刻艺术在怒族民间则比较普及，如兰坪县兔峨乡一带怒族民间墓碑中的人、兽石雕，春节期间制作片状饵块的木刻模具，房屋门头、窗框、柱子和神龛上的装饰木刻图等。此外面塑、泥塑在兰坪怒族地区也有流传。

(四) 民间音乐

在怒族的艺术形态里，令人神往和迷恋的要

数音乐和舞蹈了。怒族音乐可分为以下几种：

一是“牙扒可歌亚”，即火塘边的歌。

二是“亏可恒歌亚”，属于喜歌类，其旋律流畅、喜悦、甜美、欢快，内容以祝福完婚的新人婚后幸福美满、孝顺父母为主。

三是“库”，即歌舞之义。“库”是歌与舞融为一体的一种艺术形式，主要流传于贡山怒族地区。

四是“达比亚”，其乐曲是最具影响力的，它在怒族歌舞中处于举足轻重的地位。它包含的内容最丰富，流传最广，是怒族人表达喜怒哀乐，男女老少都喜爱的音乐之一。内行的听曲者能从“达比亚”乐曲声中领悟到演奏者所表达的如诉如泣、如歌如诗的内在情感和心声，它可使听众为之动容产生共鸣，达到最强烈的感染效果。

五是“习哦”。“习哦”是怒族举办丧葬活动时唱的哭丧歌。哭丧歌主要讲述死者一生的经历，表达人们对死者的怀念之情。其曲调忧伤悲哀，能使听者情难自已而声泪俱下。

（五）民间乐器

怒族乐器主要有弹拨、吹奏、打击乐三大类。

1. “达比亚”

“达比亚”是怒族古老的弹拨乐器，又称“嗒标”或“达标”，当地汉族人称怒族琵琶，多用于独奏或民间歌舞伴奏，是怒族男子随身携带之物，也是怒族的吉祥物。流行于怒江州的贡山、碧江、福贡、兰坪。

2. “颜都”

“颜都”是怒苏语，指怒族自制的二胡，贡山怒族叫“别优”，属弦乐类。演奏起来琴声悠扬、娓娓动听。主要用于怒族舞蹈的伴奏，也可自娱自乐。在婚嫁或节庆酒席场合，“颜都”会大显身手。

3. “那”

“那”即唢呐，主要流传于澜沧江沿岸的怒族地区。大都在节庆、婚宴或治丧场合吹奏，通常习惯是一对唢呐手同时出场吹奏。有喜庆调和悲伤调两大类。因唢呐吹奏需要掌握一定的技巧，一般需拜师学习方可掌握，无师自通者较少。优秀的唢呐手在怒族民间十分受尊敬。

4. “佳汪”（或“叽味”）

“佳汪”即口弦，用生长多年的金竹片制作而成。“佳汪”分“佳汪”“登点”和“球曲”3种。

5. “娥里娥玛”

“娥里娥玛”又称“独独丽丽亚”，它与“匹丽丽亚”都是怒族妇女心爱的娱乐性吹奏乐器，类似短笛。

6. “能贡里姆”

“能贡里姆”即用金竹或芦苇制成的口笛。虽然只能奏出一些简单的乐曲，但音乐富有独特效果。

7. “得姆日里姆”

“得姆日里姆”即用老鹰翅膀的骨头做成的骨笛，约15厘米长，有6个音孔，属短直笛。吹出的音色明亮而高亢，通常在狩猎时吹奏。怒族人认为“得姆日里姆”是“神笛”，它能呼风唤

雨，召集兽类，故平时忌吹。

8. “里姆”

“里姆”是怒族吹奏乐器中制作极为独特的6个音孔的直笛。其吹奏出的声音如箫声。

9. “布利亚”

“布利亚”又称竹号，是怒族民间的一种类似竖笛的乐器，也是怒族报丧时专用的吹奏乐器。这种乐器吹奏时只发出“嘟嘟”声，无固定音高。音色浑厚，音量较大，传播甚远。凡已婚有嗣男性病故，均吹竹号报丧，但未婚及凶死者不吹。根据死者年龄和身份的不同，吹奏“布利亚”的数量也有区别：青壮年去世吹1支，60岁以上的老人去世吹3支，村寨头人去世则要吹5~7支。吹奏者一般也多为双亲去世的男子，如父母健在则忌讳吹奏。怒族实行土葬，死者掩埋后，所用竹号要与死者生前用过的弩弓等物一起作为祭品供于坟前，以示陪葬。“布利亚”平时既不留存，也禁止吹奏，只在丧礼之前才临时砍竹制作。

10. “若登”

“若登”是流传于澜沧江流域兰坪县兔峨乡怒族村寨中的自制小三弦。

怒族的鼓、铓、铜铃属祭祀时祭司使用的祭具，使用范围仅限于祭祀场合，忌讳在其他场合使用。

乐器在人们的生产生活实践中产生，又在生产生活实践中发展、演进。怒族民间的这些古老的传统乐器，伴随着人们在创造物质财富的同时，也创造了许多独具特色的精神财富，它作为一笔丰厚的文化遗产迄今仍放射着耀眼的光芒。

（六）民间舞蹈

来到怒族地区，就如同走进了舞蹈的海洋。独具匠心的舞蹈和数不胜数的舞种共同构成了怒族社会的百科全书。

具体种类划分如下：反映生产方面的有狩猎舞、找野菜舞、找野麻叶舞、找土地舞、走路舞、放羊舞、劳作舞、劳动邀约舞、挖地舞、栽秧舞、割小米舞、搓籼米舞、掰苞谷舞、洗麻舞、洗衣

舞、盖房舞、植树舞、割漆舞等，反映军事生活方面的有赛弩舞、古战舞等，反映动物习性方面的有鸡刨食舞、小鸡啄食蚯蚓舞、鸡喝水舞、鸡找窝舞、母鸡下蛋舞、鸡抖脚舞、斑鸠寻食舞、斑鸠喂食舞、斑鸠吃漆籽舞、斑鸠喝水舞、乌鸦喝水舞、野鸡啄食扁桃果舞、山鸟啄食炭渣舞、山鸟啄食小板栗舞、江边阳雀舞、鹦鹉舞、狗撒尿舞等，反映婚俗方面的有接亲舞、婚礼舞、掰胯舞等，反映生活方面的有欢聚舞、饮酒舞、快乐舞、访亲舞、我看你你看我、生育舞、摇篮舞等，反映恋爱方面的有哦得得、怀念舞、找情人舞、情人相约逃婚舞等，反映娱乐方面的有儿童赛打核桃舞、青年朋友们、追赶舞、转身舞、双人达比亚舞、反弹达比亚舞、跪舞、抖泥舞、驾车舞、逗趣舞、高兴舞、尊敬舞等，反映悲伤情绪方面的有哭泣舞、穷人受压、饥饿舞、穷人啃够了骨头、交租舞、白人舞、斗羊舞等。

1. 达比亚舞

达比亚舞是怒族人民最为喜爱的一种流传较

广、独具风格、历史悠久的古老舞种。舞蹈以“达比亚”“叽味”为伴奏乐器，以自弹自跳的形式进行，由一人或集体表演，也可男女老少同跳。

2. 嘎舞

嘎舞是怒族最古老的舞蹈之一，它源于无音乐时代怒族先民祭祀猎神的仪式，反映狩猎生活情景。嘎舞无音乐伴奏，主要以跺脚为节奏进行舞蹈，动作简单，易学易跳，但刚强有力，粗犷雄浑，感染力极强，节庆气氛热烈。属于踢踏舞类型。

嘎舞有23种，即祭猎神舞、猴子舞、猴子打架舞、猴子掰苞谷舞、乌鸦跳舞、割小米舞、鬼跳舞、咒骂舞、迎亲舞、婚礼舞、摇篮舞、跺跺楼板舞、侧退舞、追赶舞、趣乐舞、逗趣舞、回扫舞、扫地舞、先先舞等。

3. 库怒舞

库怒舞流传在怒江北部的怒族地区，参与者围圈手拉手地进行。库怒舞舞步变化无穷，舞场充满生机，最大的特点是歌、舞、乐融为一体，

相得益彰。那优美的舞姿，动听的歌声，清丽、悠扬的音乐，使人们不禁沉浸在欢乐的气氛中，流连忘返。库怒舞主要有新房舞、点水雀舞、兔跳舞等。

4. 祭祀舞

祭祀是怒族地区的重要文化现象。祭祀舞把祭祀活动与音乐舞蹈天衣无缝地结合在一起。舞蹈往往由祭司独立完成，舞者严肃、虔诚，舞步稳健，风格独特。祭祀舞主要有祭猎神舞、祭祀舞、驱鬼舞、翻太阳山、驱邪舞、踩棍追思舞、驱魔开路舞、阿楼西杯舞等。

名胜古迹

一、文物古迹

怒族在澜沧江怒江流域居住的年代久远，空间分布广，故名胜古迹也比较多。

(一) 普化寺

普化寺位于贡山县北部丙中洛乡亦可当村，

是怒江州境内唯一的喇嘛寺。普化寺原隶属四川省甘孜藏族自治州德格县的佐钦寺，与香格里拉市的承恩喇嘛寺关系密切，同属藏传佛教宁玛教派。普化寺现有1位活佛、20多位喇嘛。

（二）白汉洛教堂

白汉洛教堂位于贡山县丙中洛乡白汉洛村，清光绪二十四年（1898年）由法国天主教传教士任安守修建。清光绪三十一年（1905年）旧历七月十九日，当地群众举行反洋教起义，烧毁教堂，该事件史称“白汉洛教案”。现存建筑是任安守用清政府赔偿款重建的。任安守于1937年去世，葬于丙中洛重丁教堂旁。

（三）石门雄关

石门雄关的怒族地名为“乃仍强”。怒语中，“乃仍”为仙和洞的意思，“强”为关口的意思，合为仙人也难通过的关口。石门雄关在丙中洛乡政府驻地丙中洛西北2.5公里处。江西石门关有2个仙人洞，江东石门关有1个仙人洞，洞壁上均刻有藏文经文。江东石门上还刻有1尊佛像。石

门雄关的崖顶上生长着一种绝世棕榈树，每年自己脱壳1次，较高的有5~6米，一般有1~2米。据专家考证，此为世界上仅有的稀有植物，目前仅存数百株。石门关有茶马古道。2003年在崖壁上还出现过蟒群出动的神秘景象。

（四）兔峨土司衙署

兔峨土司衙署于民国元年（1912年）开始修建，位于澜沧江西岸、兔峨河东南面的小山梁上，坐南朝北，为一进二堂三院落、四合五天井的白族民居风格建筑。该建筑雕梁画栋，富丽豪华，属梁柱结构、均衡对称的庭院布局，共有房屋54间，占地面积990平方米。衙署外墙四周墨香流溢，犹如画廊诗壁。它是迄今云南省保存最完好的封建土司衙署。1998年，兔峨土司衙署被列为云南省省级重点文物保护单位。2000年2月，在云南省和怒江州文物管理部门的支持下，投资11万元，对衙署的前大门、照壁、石阶及部分破损处进行了修复。

（五）新石器遗址

20 世纪 50 年代，云南民族调查组在怒族聚居的村寨周围发现了新石器时代的遗址和许多新石器时代的遗物，这些遗物主要有磨光石斧（穿孔）、有柄磨光石斧、石锄、石锛、石碓、石镞等。发现地点主要在福贡县上帕镇木古甲村一带，匹河怒族乡老姆登村、甲加村一带以及罗宜益村、孔同村一带。目前，部分遗物被怒江州文物所收藏。以上 3 个地带发现的遗物形状较为相近，这说明它们基本上是属于一个共同族体的遗物。此外，在福贡县上帕一带和利沙底一带，也发现了石斧、石磨棒和陶器；在怒江最上游的西藏自治区察隅县察瓦龙乡的松塔和龙普一带，也发现了葫芦形的罐，在松塔村外河边的台地上还出土了呈柳叶形状的石箭头。1957 年，在木古甲一带发现的新石器时代遗物中有 2 把铜斧，铜斧为冷锻红铜。这些遗物的出土有力地证明了这些地带的先民曾经过着原始的狩猎和粗放的农业经济生活。除上述新石器遗址外，在福贡县子里甲乡亚谷村

南面200米处，还发现了一个古窑址。该窑长5米，宽2米，深1.8米，距今有300多年的历史。

（六）怒族地区古代崖画艺术

怒族地区有两处著名的古崖画遗址，都分布在福贡县匹河怒族乡，一处叫吴符崖画，一处叫腊期底崖画。据学者们推测，此两处崖画属史前的原始绘画艺术，具有珍贵的历史价值和艺术价值。

（七）怒族地区古代丧葬遗迹

居住在匹河一带的怒族老人讲，怒族曾经有过火葬的习俗，这一说法被考古人员发现并得以证实。据考古发现，古代怒族有21个火葬场，其中最明显的有3个。一是匹河怒族乡托平村南侧1公里处的古火葬场。这个火葬场长6米，宽4米，如今仍有大量的火化后的碎骨片，有火化骨和泥土混合物。用于焚烧尸体的石板还存在，并且可辨出被烟熏黑的痕迹。二是匹河乡普乐村东面1公里处的台地上的古火葬场。这个火葬场长7米，宽4米，目前仍存有少量的火化后的碎骨。三是匹河乡果科村东面2公里处的古火葬场。这个火葬场长7米，宽5米，虽已开辟为驿道，但仍可见到火化后的尸骨碎片及火化物与泥土混合物层。

（八）碧江旧城

原碧江县府所在地知子罗，位于怒江东岸碧罗雪山山腰，海拔1982米。从1914年开始建设，1949年6月10日至1986年12月25日为碧江县人民政府驻地。1954～1973年为怒江傈僳族自治州州府驻地。1986年碧江县被撤销后，留下一座旧城。这里地势高，站在八角楼上登高瞭望，怒江峡谷尽收眼底。天气晴朗时还能看到距此数10公里外的利沙底乡（现改名为石月亮乡）境内的“石月亮”。碧江旧城内留有许多毛主席画像，还有毛主席语录和《老三篇》等，还有知子罗山体滑坡遗址和建于1914年占地约500平方米的民国时期碧江设治局遗址。

二、风景名胜

（1）世界自然遗产“三江并流”奇观的核心

景色。

(2) 举世罕见、高耸入云的福贡“石月亮”景区。

(3) 举世罕见，与“石月亮”遥相对峙的亚坪“天柱”景观。

(4) “三教”（天主教、基督教、藏传佛教）并存、多民族和谐共处，人神共居的世外桃源——丙中洛景区。

(5) 美丽绝伦、自然天成的“怒江第一湾”景观。

(6) 世界第二大峡谷——怒江大峡谷，又称东方大峡谷。

(7) 最美宜居村落——贡山翁里（又名雾里）村。

(8) 滇西雨都——贡山丹当。

(9) 福贡匹河天外巨型“飞来石”——夫妻合璧石。

(10) 国际登山圣地——贡山嘎瓦嘎普峰。

(11) 云南油桐之乡——福贡上帕。

（12）记忆之城——福贡匹河知子罗。

（13）云南保存最完好土司衙署建筑——兰坪兔峨罗氏土司衙署。

（14）高黎贡山最美最大湖泊——福贡匹河知子罗七莲湖（又称七仙女湖）。

（15）兰坪兔峨乡江末村充满传奇神话的神山——圆宝山（又称咪基府）。

（16）高峡出平湖的景观——澜沧江兰坪兔峨段。

附表 1：已公布的怒江州

（国家级、省级、州级）文物保护单位一览表

序号	名称	地点	年代	级别	公布日期	价值	建筑形式
1	茶马古道路段	贡山县丙中洛乡	清代	国家级	2013 年	历史、科学研究	古道
2	兔峨土司衙署	兰坪县兔峨乡	清代	省级	1998 年	历史	土木结构一进二堂三院
3	白汉洛教堂	贡山县捧当乡	清代	省级	2003 年	历史、艺术	钟楼土木结厅堂
4	普化寺	贡山县丙中洛乡	清代	省级	2012 年	历史、科学	土木结构
5	翁里怒族乡土建筑群	贡山县丙中洛乡	清代	省级	2012 年	历史、科学	土木结构
6	吴符崖画	福贡县匹河怒族乡	新石器时代	州级	1989 年	历史、艺术	绘画
7	碧江县遗址（八角楼）	福贡县知子罗村	现代	州级	2000 年	历史	纪念址
8	石门摩崖壁刻	贡山县丙中洛乡	现代	州级	2000 年	历史	壁刻

附表 2：怒江州州级以上怒族非遗项目统计表

序号	类别	项目名称	命名文号	公布时间	批次	项目简介	级别	流传地域	传承人代表
1	传统舞蹈	达比亚舞	国发〔2014〕59 号	2014. 11. 11	第四批	达比亚舞是一种用怒族民间传承下来的最古老的传统乐器“达比亚”来弹跳的怒族民间舞蹈，它随着怒族古老文化的产生而产生。有生产舞、双人达比	国家级	福贡县怒族聚居区	
2	民俗	怒族仙女节	国发〔2006〕18 号	2006. 05. 20	第一批	怒族仙女节又称鲜花节，每年农历三月十五日举行，延续 3 天。节庆活动包括祭祀仙女洞并迎接圣水、歌舞求福、体育竞技三大类别。具有远古母系民族祭拜特征，亲和力和参与性强	国家级	贡山县丙中洛乡、捧当乡	
3	濒危民族语言与文字	怒族语言（若柔）	云政发〔2006〕75 号	2006. 05. 08	第一批	濒危民族语言，是怒族（若柔）的重要特征之一，是怒族同一民族多种语言现象的具体体现	省级	兰坪县兔俄怒族聚居区	集体传承
4	传统音乐	怒族民歌“哦得得”	云政发〔2006〕75 号	2006. 05. 08	第一批	它是怒族保存完好、完整的民间小调。它有不同的小调，有反映生活、狩猎、男女情爱的各种不同唱词的歌曲。和其他民族的民歌小调一样，它有一定的口语化特征	省级	福贡县匹河怒族乡	

续表

序号	类别	项目名称	命名文号	公布时间	批次	项目简介	级别	流传地域	传承人代表
5	传统音乐	传统器乐口弦	云政发〔2013〕148号	2013. 12. 23	第三批	“曲曲”是傈僳族、怒族一种传统的较小的乐器，它用实心竹片制成，有一片弦和三片弦。三片弦根据音高不同分为两种：“赛掰”和“登呆”。口弦弦身约有3寸长，0.5寸宽，分3部分：执手、簧片、弹片。简单精巧，携带方便	省级	福贡县域内	阿称恒郁伍林
6	保护区和文化之乡	贡山县丙中洛乡怒族传统文化保护区	云政发〔2006〕75号	2006. 05. 08	第一批	怒族村落保存完好，传统文化、宗教信仰与自然区较为突出	省级	贡山县丙中洛乡	
7	濒危民族语言与文字	怒族语言（怒苏）	怒政发〔2005〕179号	2005. 09. 20	第一批	是怒族（怒苏）支系的重要特征之一，濒危民族语言	州级	福贡县怒族聚居区	
8	濒危民族语言与文字	怒族语言（阿侬）	怒政发〔2005〕179号	2005. 09. 20	第一批	是怒族（阿侬）的重要特征之一，是世界上仅存于怒江州的一种语言，濒危民族语言	州级	福贡县怒族聚居区	

续表

序号	类别	项目名称	命名文号	公布时间	批次	项目简介	级别	流传地域	传承人代表
9	濒危民族语言与文字	怒族语言（啊龙）	怒政发〔2005〕179号	2005.09.20	第一批	濒危民族语言，是世界上大多存于怒江州的一种语言现象，是怒族（啊龙）的重要特征	州级	贡山县怒族聚居区	
10	民间文学	怒族口述文学家谱	怒政发〔2005〕179号	2005.09.20	第一批	记录了怒族的起源、繁衍过程，记录怒族六十四代家谱	州级	福贡县匹河怒族地区	拉金记发
11	民间文学	仙女节的传说	怒政发〔2005〕179号	2005.09.20	第一批	讲述仙女的由来，叙述了怒族姑娘心灵手巧、不屈服于封建统治的精神	州级	贡山县怒族聚居区	
12	民间文学	怒江的传说	怒政发〔2005〕179号	2005.09.20	第一批	讲述怒族姑娘追随大海的故事，叙述了怒江第一湾、桃花岛、江中松的由来	州级	贡山县怒族聚居区	
13	民间文学	谚语《表面、内部、实质》	怒政发〔2005〕179号	2005.09.20	第一批	怒族民间谚语，点明表面、内部、实质的问题	州级	贡山县怒族聚居区	

续表

序号	类别	项目名称	命名文号	公布时间	批次	项目简介	级别	流传地域	传承人代表
14	民间文学	诗歌《唱出最欢乐的歌》	怒政发〔2005〕179号	2005.09.20	第一批		州级	贡山县怒族聚居区	
15	传统音乐	怒族儿童歌谣《问喜鹊》	怒政发〔2005〕179号	2005.09.20	第一批	《问喜鹊》是一首古老的怒族童谣，通过一问一答的形式反映怒族人民劳动、生产生活、生儿育女、盖房等传统习俗，寓意十分深刻，具有历史性和口传性的特点	州级	福贡县匹河怒族地区	杨新华 施瑞香
16	传统音乐	傈僳族怒族传统乐器短笛	怒政发〔2005〕179号	2005.09.20	第一批	傈僳族、怒族传统乐器	州级	福贡县域内	开友生 批四恒
17	传统音乐	兰坪县怒族传统祭祀歌舞《阿楼西杯》	怒政发〔2005〕179号	2005.09.20	第一批	歌舞结合吟唱、对唱、合唱，怒族音乐特征突出，表现了怒族人民对美好生活及劳动者的赞美	州级	兔峨乡怒族聚居区	
18	传统音乐	怒族民间歌曲《祝》	怒政发〔2005〕179号	2005.09.20	第一批	节庆、婚典等风俗中的重要内容之一，边唱边跳，一套舞蹈根据不同场合更换内容	州级	贡山县怒族聚居区	

续表

序号	类别	项目名称	命名文号	公布时间	批次	项目简介	级别	流传地域	传承人代表
19	传统音乐	怒族民间歌曲《拉船号子》	怒政发〔2005〕179号	2005.09.20	第一批	反映生产劳动情景，曲调节奏明快，旋律动听，表现愉快心情	州级	贡山县怒族聚居区	
20	传统音乐	怒族民间情歌《日拉》	怒政发〔2005〕179号	2005.09.20	第一批	怒族儿女表达爱慕之情，曲调优美动听，向往美好生活	州级	贡山县怒族聚居区	
21	传统音乐	怒族民间儿歌《贵圭然》	怒政发〔2005〕179号	2005.09.20	第一批	曲调短小精练，节奏鲜明欢快活泼，反映儿童天真浪漫的生活情趣	州级	贡山县怒族聚居区	
22	传统音乐	怒族民间歌曲《办汝》	怒政发〔2005〕179号	2005.09.20	第一批	通过歌唱形式讲述人类的来源，曲调委婉、深沉，富有感染力	州级	贡山县怒族聚居区	
23	传统音乐	怒族民间音乐《哄娃调》	怒政发〔2005〕179号	2005.09.20	第一批	描写大人哄小孩入睡的情景，音调比较抒情轻柔	州级	贡山县怒族聚居区	

续表

序号	类别	项目名称	命名文号	公布时间	批次	项目简介	级别	流传地域	传承人代表
24	传统舞蹈	怒族民间舞蹈《古战舞》	怒政发〔2005〕179号	2005.09.20	第一批	《古战舞》主要反映了怒族人民为了保卫自己的领地和族人，与外来侵略者英勇战斗的情景。动作主要是下肢动作，以舞步踢腿、脚步擦地、双脚屈膝开跨等步法来表示。为了庆祝胜利或怀念过去艰苦的日子，怒族人民在生产劳动之余或是在节日聚集时都会跳自己的舞蹈，包括《古战舞》	州级	福贡县域内	
25	传统舞蹈	怒族民间舞蹈《丰收舞》	怒政发〔2005〕179号	2005.09.20	第一批	通过舞蹈形式，表现挖地、播种、收割、打谷等内容，风格轻盈、欢快	州级	贡山县怒族聚居区	
26	传统舞蹈	怒族民间舞蹈《赶乌鸦》	怒政发〔2005〕179号	2005.09.20	第一批	以展翅飞翔、低头喝水等为表现内容，展示怒族人民善于观察自然的情趣，是一种动作姿态优美，舒展双脚双手，全身心得到解放的民间舞蹈	州级	贡山县怒族聚居区	
27	传统舞蹈	跳鼓	怒政发〔2005〕179号	2005.09.20	第一批	祭祀舞，主要表现送亡灵。舞蹈庄重、隐沉，唱诵怒语古歌	州级	贡山县怒族聚居区	

续表

序号	类别	项目名称	命名文号	公布时间	批次	项目简介	级别	流传地域	传承人代表
28	传统体育与游艺	傈僳族、怒族传统体育竞技——射弩	怒政发〔2005〕179号	2005. 09. 20	第一批	弩弓是傈僳族、怒族男子喜爱的用具，它源于祖先对繁衍生存的挑战，尤其来源于先人的好强心。如今弩弓已成为傈僳族和怒族人民在生产生活以及体育活动中不可缺少的随身携带之物，也成为傈僳族和怒族的民间工艺品、旅游者们青睐的纪念品。射弩具有广泛的群众参与性，逢年过节人民都进行射弩比赛。射弩比赛有：射靶环、射粑粑、射竹杆上的鸡蛋、射女人头顶的鸡蛋。从而展现傈僳族、怒族男人的胆识和高超的射箭技艺	州级	福贡县域内	
29	传统美术	福贡县匹河怒族乡果科村腊斯底崖画	怒政发〔2005〕179号	2005. 09. 20	第一批	崖画题材广泛，大小不一。反映了古代怒族人民的图腾崇拜和民族风格，记录了当时怒族人民的生产生活，表达了某些思想和事件	州级	福贡县匹河怒族乡果科村	

续表

序号	类别	项目名称	命名文号	公布时间	批次	项目简介	级别	流传地域	传承人代表
30	传统手工技艺	贡山县怒族井干式建筑	怒政发〔2005〕179号	2005. 09. 20	第一批	井干式房屋是贡山县怒族民间流传久远的民居。井干式房屋是不采用房柱，没有房梁的一种民居结构。是用圆木（松木）、矩形或七角形木料向上层层叠置的一种结构。木屋四周每根材料都编有序号，以便于搬迁。屋顶通常用石板、木板或草做覆盖材料。井干式木屋其使用期限可达100年左右。熟练建造井干式木屋的人备受族人尊崇	州级	贡山县怒族聚居区	
31	传统手工技艺	贡山县怒族碉楼式土木结构民间建筑	怒政发〔2005〕179号	2005. 09. 20	第一批	石板铺顶，圆木垒成墙，整个民居为3层。工艺古朴，具有浓郁的怒族文化特点	州级	贡山县怒族聚居区	

续表

序号	类别	项目名称	命名文号	公布时间	批次	项目简介	级别	流传地域	传承人代表
32	传统手工技艺	福贡县子里甲乡亚谷村加车怒族民间土陶制作	怒政发〔2005〕179号	2005. 09. 20	第一批	加车土陶制作始于1877年前后，是一项子承父业的传统手工业，目前已到第七代山一波（已故），第八代其儿子阿波大。加车怒族民间土陶制作是怒江州境内唯一的土陶制作点，以烧制土锅为主，过去很有名气。所烧制的陶器色泽好，质量坚硬耐用，深受怒族、傈僳族的欢迎，近销福贡、贡山、泸水，远销兰坪、迪庆及缅甸等地。现在由于有了先进的生活用具以及传承人的去世，已不再制作土陶，并走向濒危。目前只有阿波大一人才能制作，其技艺也不是那么娴熟。有待高度重视，及时挖掘保护	州级	子里甲乡亚谷村加车	
33	传统手工技艺	贡山县怒族民居干栏式竹木结构	怒政发〔2005〕179号	2005. 09. 20	第一批	是竹、木结合的产物，茅草顶，四壁均用篱笆编织而成。是怒族智慧的结晶，怒族文化的真实体现	州级	贡山县怒族聚居区	

续表

序号	类别	项目名称	命名文号	公布时间	批次	项目简介	级别	流传地域	传承人代表
34	传统手工技艺	福贡县傈僳族、怒族传统织麻工艺	怒政发〔2005〕179号	2005.09.20	第一批		州级	福贡县域内	集体传承
35	传统手工技艺	怒族女装传统服饰	怒政发〔2005〕179号	2005.09.20	第一批		州级	福贡县匹河怒族地区	集体传承
36	传统手工技艺	怒族男装传统服饰	怒政发〔2005〕179号	2005.09.20	第一批		州级	福贡县匹河怒族地区	集体传承
37	传统手工技艺	贡山县怒族服饰工艺	怒政发〔2005〕179号	2005.09.20	第一批	传统工艺，有服饰样式、配饰	州级	贡山县怒族聚居区	

续表

序号	类别	项目名称	命名文号	公布时间	批次	项目简介	级别	流传地域	传承人代表
38	民俗	怒族传统饮食习俗	怒政发〔2005〕179号	2005. 09. 20	第一批	(1) 荞米肉拌饭：将煮好的荞米饭放在簸箕里，把烧过的盐与炒好的核桃、肉片或蜂蛹一起舂碎并倒入荞米饭中搅拌均匀即可。是匹河怒族乡独有的一道传统美食。(2) 苞谷砂粥：是怒族老人爱吃的面粥之一。把玉米和黄豆磨成粉末并倒入锅中调成糊状至熟即可食用，也可根据个人的爱好加入芋头、野葱、青南瓜等。(3) 荞米砂饭：把洗净的荞米倒入沸水里煮好后沥干焖熟即可。(4) “蒸蒸”饭：用大米或荞米和青菜、四季豆混合蒸成的米饭。(5) 辣子汤泡饭：用大米或荞米和青菜、四季豆混合蒸成的米饭。再用烧好的辣子、盐、生姜、核桃、大蒜等作料舂好后加入适量的冷开水搅拌成汤和米饭一起食用即可。(6) “侠拉”：即煮酒鸡。把处理好的鸡剁碎放入漆油锅里炒黄放点盐，再和适量的白酒稍煮即可，是怒族的传统饮品	州级	福贡县匹河怒族乡	

续表

序号	类别	项目名称	命名文号	公布时间	批次	项目简介	级别	流传地域	传承人代表
39	民俗	怒族传统节日习俗“如密期”	怒政发〔2005〕179号	2005.09.20	第一批	“如密期”是怒族语。如意思是村子，密意思是邪气，期意思是清洗。“如密期”的意思是清洗和驱除村寨头年的邪气，以求来年顺利迎接春耕。据传说其起因是：当时居住在怒江两岸的怒族人民由于连续遇到天灾人祸，人们在无法抵御的情况下，便求助于神灵，以“如密期”这种形式来消灾避祸，祈求神灵保佑在这一年中能够风调雨顺、五谷丰登、六畜兴旺、家庭和睦、平安吉祥。这种祭祀活动一般在农历十二月二十八日那天举行，“如密期”必须选择在龙日那天，若二十八日那天不是属龙，就提前或者推后3天，以村寨为单位，所以把它叫作“如密期”	州级	福贡县匹河怒族地区	

续表

序号	类别	项目名称	命名文号	公布时间	批次	项目简介	级别	流传地域	传承人代表
40	民俗	怒族传统丧葬习俗	怒政发〔2005〕179号	2005.09.20	第一批	怒族人以前一直盛行火葬，而且没有垒坟和扫墓的习俗，后来怒族人改用土葬，已有100多年的历史。一般怒族人为死者举行“拾车别”仪式：死者是男性煮一小锅米饭、9片肉；女性则是一小锅米饭、7片肉；祭祀仪式前后共3天，每天3次，祈求死者赐福于家人。怒族男性死后还有吹竹筒号的习俗，其意主要是给亲友、邻里报丧，以增加哀悼的气氛。竹筒号的数目根据死者的年龄和身份而定：成年的吹1个，头人或长辈吹3~4个，祭司则吹4~5个。对于非正常死亡的人有许多忌讳，如死于溺水的人葬时会特意殉葬一个簸箕给死者，以示死者到阴间做饭时挡水之用。怒族人入土一般都是男左女右，坟头靠大山，脚蹬岩石，方位要按辈数排列，未满周岁的小孩不能安葬在祖坟里。安葬开挖坟坑时男子连挖9锄，女子挖7锄。送葬后男子第9天，女子第7天，人们又会相聚在死者家里收魂寄托哀思	州级	怒族人聚居地	

续表

序号	类别	项目名称	命名文号	公布时间	批次	项目简介	级别	流传地域	传承人代表
41	民俗	怒族传统婚礼习俗	怒政发〔2005〕179号	2005.09.20	第一批	怒族青年的恋爱一般比较自由，是自己选择对象，请家里的长辈或是亲朋好友做媒人，把自己做的定情信物送到对方的手里，如果对方接受并回赠信物则是愿意交往。经过一段时间的交往和了解，男子便通过媒人向双方的父母讲明情况，并提出结婚的请求，择日请村里有名望的人去女方家提亲订婚。订婚时的礼物必须是双数，并征得女方的舅舅同意后方能举行订婚仪式。祭司卜卦确定的日子不能随意改动。结婚时所需的一切用品由男方准备和张罗，找一个懂几种民族语言、精通本族婚俗的人带领一支能歌善舞的、双数的迎亲队伍前往女方家接亲，并举行婚礼。结婚后的第3天新婚夫妇要专程返回女方家拜望老人，即使有什么事情也必须是3天后回门	州级	匹河怒族聚居地	
42	民俗	贡山县怒族婚姻习俗	怒政发〔2005〕179号	2005.09.20	第一批	婚姻习俗，具有典型的地域特征并有多民族杂合接亲形式	州级	贡山县怒族聚居区	
43	民俗	贡山县怒族饮食习俗	怒政发〔2005〕179号	2005.09.20	第一批	具有典型的地域特征及藏文化影响痕迹	州级	贡山县怒族聚居区	

续表

序号	类别	项目名称	命名文号	公布时间	批次	项目简介	级别	流传地域	传承人代表
44	文化保护区与歌舞之乡	福贡县老姆登村怒族传统文化保护区	怒政发〔2005〕179号	2005.09.20	第一批	老姆登村距匹河乡政府3.5公里，东与兰坪相连，北通往福贡县城，离原碧江县遗址2公里。全村总面积44平方公里，耕地面积1750亩，茶山100亩，海拔1800米，森林覆盖率95%。有240多户1000多人，交通十分便利。老姆登村怒族传统文化特别浓郁，具有悠久的历史。民间音乐主要以民歌“哦得得”为主，民间舞蹈主要以怒族双人“达比亚”舞为主。从整体来看，传统文化有一定的保留，传统的怒族民间歌舞和饮食底蕴很丰富。只要您走进老姆登村，走进任何一家，都能听到“达比亚”的弹奏声和“哦得得”演唱的声音，都能品尝到一顿简单而美味的传统怒族饮食荞米肉拌饭。是外来游人向往的乡村旅游点	州级	福贡县鹿马登乡赤恒底村	
45	文化保护区与歌舞之乡	贡山县双拉村怒族歌舞之乡	怒政发〔2005〕179号	2005.09.20	第一批	怒族传统歌舞、习俗丰富，怒族文化浓厚，群众文化活动频繁，艺人群体较集中	州级	贡山县双拉村	

供稿：怒江州文物管理所

附表 3：怒江州州级以上怒族非遗项目代表性传承人统计表

序号	传承人姓名	项目	项目类别	命名文号	公布时间	批次	项目简介	级别	县市	备注
1	李汉良	怒族仙女节	民俗			第五批	全面掌握当地怒族传统仙女节及民间歌舞且能表演、创作、编导的民间艺人。掌握本民族的民风、民俗、歌舞，能自编自导怒族民间歌舞。上有传承，下有传人，处于关键的传承地位。在当地有较大的影响力和知名度	国家级	贡山县	
2	路济亚	怒族传统纺织工艺	传统手工技艺	云文社［1999］第 254 号	1999. 06. 08	第一批	擅长怒族服饰编织	省级	贡山县	
3	阿真	怒族竹编工艺	传统手工技艺	云文社［1999］第 254 号	1999. 06. 08	第一批		省级	贡山县	已故
4	波益四	怒族器乐演奏（达比亚）	传统音乐	云文社［2002］119 号		第二批		省级	福贡县	
5	李汉良	怒族民歌	传统音乐	云文社［2002］119 号		第二批		省级	贡山县	

续表

序号	传承人姓名	项目	项目类别	命名文号	公布时间	批次	项目简介	级别	县市	备注
6	丰秀兰	怒族民间音乐	传统音乐	云文社［2007］16号	2007. 04. 30	第三批	怒族歌舞乐民间艺人，能歌善舞，较有影响力，传承较好	省级	贡山县	
7	拉赛	怒族民歌	传统音乐	云文社［2007］16号	2007. 04. 30	第三批	擅长怒族民间歌舞表演，歌舞技艺娴熟	省级	福贡县	已故
8	山一波	土陶工艺	传统手工技艺	云文社［2007］16号	2007. 04. 30	第三批	土陶制作，工艺精美	省级	福贡县	已故
9	郁伍林	怒族民歌“哦得得”	传统音乐	云文非遗〔2014〕10号	2014. 09. 04	第五批	擅长怒族传统民歌的演唱，弹奏弹跳“达比亚”，吹奏“几味”——口弦，会讲述怒族民间故事以及主持传统祭祀活动等等，是一个掌握怒族传统文化的多面手，在本村及邻村享有较高声誉	省级	福贡县	
10	赵国祥	怒族仙女节	民俗	云文非遗〔2014〕10号	2014. 09. 04	第五批	怒族民间器乐演奏、歌舞传承，技艺娴熟，是民间文化活动领头人	省级	贡山县	

续表

序号	传承人姓名	项目	项目类别	命名文号	公布时间	批次	项目简介	级别	县市	备注
11	汝马你	口弦乐	传统音乐	云文非遗〔2014〕10号	2014.09.04	第五批	能用“几味”（口弦）吹奏大量的怒族民歌，而且边吹边跳，技艺比较娴熟，会讲述怒族民间故事，还懂得一些民俗等，在当地有一定的影响力和知名度	省级	福贡县	
12	星罗益	怒族“达比亚”舞	传统舞蹈	云文非遗〔2014〕10号		第五批			福贡县	
13	王家明	怒族民间音乐	传统音乐	怒政发〔2005〕179号	2005.09.20	第一批	民间歌手、调式多样	州级	贡山县	
14	友　仕	怒族民歌“哦得得”	传统音乐	怒政复〔2013〕66号	2013.07.31	第二批	演唱和弹奏“哦得得”技艺，是自己摸索学习的，能弹奏演唱10多首怒族传统民间曲调	州级	福贡县	
15	高碧春	怒族民歌“哦得得”	传统音乐	怒政复〔2013〕66号	2013.07.31	第二批	演唱和弹奏“达比亚”技艺，是自己摸索学习的，能弹奏演唱10多首“哦得得”曲调	州级	福贡县	
16	亚普妮	怒族口弦吹跳	传统舞蹈	怒政发〔2005〕179号	2005.09.20	第一批	吹奏民间口弦技艺娴熟	州级	福贡县	
17	波三益	怒族“达比亚”舞	传统舞蹈	怒政复〔2013〕66号	2013.07.31	第二批	能弹奏“哦得得”，会唱婚庆调，会弹奏怒族双人“达比亚”舞等各种不同的曲调	州级	福贡县	

续表

序号	传承人姓名	项目	项目类别	命名文号	公布时间	批次	项目简介	级别	县市	备注
18	何寿山	怒族“达比亚”舞	传统舞蹈	怒政复〔2013〕66号	2013.07.31	第二批	擅长制作和弹奏怒族传统乐器“达比亚”	州级	福贡县	
19	啊波	怒族传统工艺	传统手工技艺	怒政发〔2005〕179号	2005.09.20	第一批	歌、舞、乐艺人，传承完整	州级	贡山县	
20	杨瑞林	怒族传统祭祀	民俗	怒政发〔2005〕179号	2005.09.20	第一批	擅长民间歌舞、主持祭祀活动	州级	兰坪县	
21	拉金	怒族传统祭祀活动	民俗	怒政发〔2005〕179号	2005.09.20	第一批	擅长主持怒族民间祭祀活动	州级	福贡县	
22	恒桑益	怒族“如密期”祭祀	民俗	怒政复〔2013〕66号	2013.07.31	第二批	主持“如密期”的祭祀活动以及主持其他各种祭祀活动，能够讲述“如密期”活动中的具体细节及其历史	州级	福贡县	
23	三益子	怒族“如密期”祭祀	民俗	怒政复〔2013〕66号	2013.07.31	第二批	主持“如密期”的祭祀活动以及主持其他各种祭祀活动，能够讲述“如密期”活动中的具体细节及其历史	州级	福贡县	

供稿：怒江州非遗中心

第四章　发展进步

改天换地
——云南怒族地区的和平解放

云南怒族地区是指云南省怒族聚居的贡山独龙族怒族自治县、福贡县、碧江县（1986年前）和有怒族分布的兰坪白族普米族自治县兔峨乡、泸水市鲁掌镇和六库镇等。云南怒族地区是在解放战争胜利形势下，经过党领导的游击战争和发展爱国统一战线，取得和平解放的。而各县的解放斗争又各有不同的特点。

一、兰坪的和平解放

兰坪县位于云岭山区，其东连玉龙县、剑川县，南接云龙县，西邻怒江峡谷各县，北靠维西县，处于内地与边疆之间，是有怒族分布的解放最早的县份。

在全国解放战争胜利的形势下，中共云南地下党组织加紧了领导各地夺取政权的武装斗争。中共滇西工委派出了工委委员王北光同志进入兰坪，开展组织武装斗争的地下工作。1948 年 8 月，王北光进入兰坪后，首先在东部的马登、上兰、通甸片区活动，通过组织发动，建立起农抗会、妇女会等群众组织，开展反封建求解放的斗争，在斗争中发现和培养斗争骨干和积极分子。这个时期兰坪兔峨怒族地区的怒族青年李兆龙、李郁文被中国共产党组织吸收到通兰人民自卫军中，并在政工组工作。与此同时，积极开展统战工作，派人对国民党政府官员宣传全国革命形势和中国共产党的和平解放政策，使其认清形势，弃暗投明。兔峨区位于兰坪县西部澜沧江沿岸，是县内怒族支系若柔人唯一聚居区，历史上实行土司制，辖区包括怒江沿岸的一个乡，称为碧兔乡（中华人民共和国成立后划入碧江县）。民国期间设区公所，兔峨土司兼任区长，实行土流兼治。时任土司兼区长的罗星在抗日期间曾任澜沧

江江防司令，组织民众服兵役出钱粮投入怒江抗战，在兰坪和平解放中有起义投诚表现，是一个爱国人士。在此基础上，通兰人民军以人民武装为后盾，派出中国共产党代表与国民党兰坪县政府官员举行正式谈判。最后，在人民武装包围和统战工作的强大攻势下，国民党兰坪县县长派出的谈判代表终于交出政权，起义投诚。1949 年 5 月 10 日，兰坪县宣布和平解放。

二、碧江、福贡、贡山的和平解放

兰坪解放后，滇西工委及时成立了中共兰坪中心县委，指示中心县委以兰坪为中心，向周边地区推进革命工作，继续解放维西县、云龙县和怒江边境怒族聚居的碧江、福贡、贡山设治局及有怒族分布的泸水设治局，扩大了滇西北的革命根据地。中心县委决定首先解放碧江，于 1949 年 5 月下旬将兰坪人民军武装部队调往碧江东面的兰坪县营盘街，同时派出中国共产党代表罗映先进入碧江，与设治局进行谈判。罗映先等一行 3

人到达碧江后，与国民党设治局官员进行了谈判，宣传全国革命的形势和中国共产党的和平解放主张。这时全国革命特别是周边地区剑川、兰坪的解放，对国民党官员已经产生极大震动，其内部正在分化。因此，经过中国共产党代表的宣传教育，设治局局长魏英伯，正副参议长田月辉、和世俊（怒族）等多数官员终于认清形势，决定起义投诚。经过谈判，双方本已议定了交接政权和武装的日期，但由于少数军政官员对国民党还抱有幻想，这时又传来了“共革盟”反动武装窜扰泸水的消息，这些人便中途反水。

此间，碧江民主人士张文彬派碧江的怒族青年门文彬送信到兰坪，向人民军报告了罗映先被扣押的情况。兰坪中心县委根据形势变化，对解放碧江做了文武两手准备：一方面重新派出党代表和耕与碧江设治局继续谈判；另一方面加强了营盘街的军事力量，如果谈判不成功，就进行武力解放。和耕于1949年6月9日进入碧江即与设治局举行谈判，在宣传党的政策的同时警告少数

顽固分子认清形势，转变立场。这时泸水“共革盟”反动武装已被歼灭，福贡也先于碧江宣布和平解放，少数顽固分子看到大势已去，终于顺从投诚。最后经过谈判，于 1949 年 6 月 10 日正式宣布碧江和平解放。这时和耕还与在鹤庆师范时的同学、时任碧江县省立小学教员的当地怒族知名人士窦桂生、和世俊等取得联系，动员他们参加革命工作，为中华人民共和国成立后的工作储备了干部。紧邻碧江北部的福贡设治局，内部发生政变，设治局参议长霜耐冬发动起义，赶走了设治局局长姚国宝，也先于碧江几天宣布福贡和平解放。经过和平谈判，由和文龙为我方代表接收了贡山设治局，于 1949 年 8 月 25 日，正式宣布贡山和平解放。

三、泸水的和平解放

泸水位于怒江南部边境，境内有四个土司，实行国民党设治局管土司、土司管乡镇的土流兼治。为解放泸水，1949 年 12 月，碧江工作队的施子昌（白族）、窦桂生（怒族）等干部战士10余人和随队农民多人，深入泸水北部称戛等村寨，进行思想政治宣传工作，但遭到设治局常备队及土司武装的袭击，工作队员3人和随队的怒族农民和发清等4人牺牲，造成流血事件。直到云南省主席卢汉通电起义后，泸水当局才认清形势，决定起义投诚并函请怒江特区工委书记张旭率工作人员杨俊璋、窦桂生等前往泸水谈判。双方经过谈判，于1950年1月13日宣布泸水和平解放。为了泸水的解放，怒族的干部和群众做了积极的努力，甚至付出了生命。

当家作主
——云南怒族地区人民政权的诞生

一、贡山独龙族怒族自治县的成立

独龙族、怒族是我国人口较少的民族之一，又是怒江州内的独有民族，其中聚居于贡山县内的怒族人口较多，90%以上的独龙族人口分布在

贡山独龙族怒族自治县成立大会　供稿：丰卫祥

贡山。贡山县符合《民族区域自治实施纲要》关于成立自治县的有关规定。为了充分尊重少数民族的自治权利，根据各民族的意愿，1956 年贡山县人民政府报经国务院批准，决定撤销贡山县，成立贡山独龙族怒族自治县。这一决定极大地鼓舞了各族人民的政治热情。在经过充分的筹备和人民代表选举工作顺利结束后，于 1956 年 9 月 25 日在县城当丹召开了第一届各族人民代表大会，正式成立贡山独龙族怒族自治县。全县数百名人民代表欢聚一堂，共商自治大事，讨论通过了

《贡山独龙族怒族自治县人民委员会组织条例》，选举产生了县长、副县长和人民委员。孔志清（独龙族）当选县长，彭恩德（怒族）、余耀龙（傈僳族）、丰祥生（傈僳族）、李家荣（藏族）当选副县长，21名代表当选为人民委员，其中怒族委员8名。同时成立贡山独龙族怒族自治县政治协商会议，经过选举，向群当选主席，和耕、扎高力（怒族）、括士、期都、马巴恰开、余光汉等6人当选为副主席。选出政协委员29名，其中怒族委员13名。

10月1日，各族各界庆祝贡山独龙族怒族自治县成立大会在县城当丹广场隆重举行，来自全县各地的各族群众，穿着节日的服装载歌载舞，欢天喜地地庆祝自己当家作主的节日，国家民委和省民委向大会发来贺电，省、州祝贺团和邻近州、县的代表也前来祝贺。会上表演了精彩的节目，整个山城沉浸在热烈、欢腾、喜庆的气氛中。

庆祝大会后，组建自治县的内设科室，任命科室领导。先后设置了县政府办公室、财政科、

建设科、民政科、文教卫生科室。一批怒族干部和知名人士进入了自治县各部门，担任职务，行使自治权。

贡山独龙族怒族自治县成立后，在党和人民政府的领导下，在兄弟民族的真诚帮助下，认真贯彻党的民族政策，大力培养民族干部，充分行使自治权，各项事业蓬勃发展，取得了巨大成就，贡山的面貌发生了翻天覆地的变化。

二、碧江县怒族自治区（乡）成立

碧江县第一区始称知子罗区，区公所设在县城所在地知子罗，为怒族聚居区，怒族知名人士腊伟、曲记、李政才先后被任命为区长。区以下设9个乡：第一乡果课、第二乡普洛、第三乡夸拉底、第四乡知子罗、第五乡老姆登、第六乡沙瓦、第七乡瓦娃、第八乡棉谷、第九乡架加。每个乡都由当地的怒族知名人士担任乡长和村干部，管理本民族的事务。

1957年，碧江县人民政府根据中国《民族区域自治实施纲要》关于县以下少数民族聚居地方可以成立自治区的规定，经过上级批准，决定成立碧江县怒族自治区（乡），于1957年在知子罗召开成立怒族自治区人民代表大会，选举产生了自治区人民政府领导机构，腊伟（怒族）当选为区（乡）长。同年兰坪兔峨区区长木建科（怒族）调任碧江县匹河怒族自治区党委书记，加强了党的领导。自治区（乡）成立期间，全区怒族人民欢欣鼓舞，以各种方式庆祝自己当家作主的节日。他们唱道："过去说，青菜、白菜不算菜，怒子、傈僳不上席；现如今，青菜、白菜也算菜，怒子、傈僳上大席。"

三、福贡县木古甲、古泉民族联合自治乡的成立

福贡怒族自称阿侬，主要聚居在该县上帕区怒江西岸的木古甲乡，少数怒族人口与接壤缅甸的古泉乡傈僳族杂居。福贡县人民政府认真贯彻民族政策，根据怒族人民的意愿，决定在怒族聚居的木古甲乡建立怒族自治乡。同时考虑到古泉

乡也有少数怒族人口居住，且两个乡山水相连，人们互相来往密切，为了扩大自治范围，增进两乡人民的团结合作，共同发展生产，建设边疆，在征得两乡、两族和各界人士的同意后，决定成立木古甲、古泉民族联合自治乡。在充分协商讨论，做好各项宣传和筹备工作之后，于 1956 年召开了成立木古甲、古泉民族联合自治乡人民代表大会，选举产生了自治乡领导机构，选举开阿念（怒族）为乡长，阿普灿（傈僳族）为副乡长。

四、兰坪县怒族聚居地兔峨区人民政权的建立

兰坪解放后，中共兰坪县工委在兔峨怒族地区团结、发动群众取得积极进展的基础上，于 1949 年 8 月成立了中共下沧江区特委，开展兔峨区人民政府的组建工作。成立兔峨区人民政府是全区怒族人民的愿望，得到了以怒族为主的各族人民的积极拥护和支持。中共下沧江区特委成立后，深入开展宣传工作，与各族各界人士充分协商后，于 1949 年 10 月召开了兔峨区人民代表大会，各族各界人民代表欢聚一堂，听取了下沧江

今日兔峨　摄影：李绍志

区特委书记杨群关于兔峨区解放后的工作和成立兔峨区人民政府筹备工作情况及今后工作意见的报告。代表们经过充分讨论，一致通过了工作报告，选出了区长、副区长和政府委员。罗星当选为区政府主席，李友梅当选为副主席，怒族人民代表李兆龙、李郁文、木建科等当选为区政府委员。怒族人民从此实现了当家作主的权利，全区上下欢天喜地，载歌载舞，热烈庆祝人民政府的成立。

福贡县匹河怒族乡人民政府　摄影：李彦霖

五、匹河怒族乡的成立

1986 年，碧江县撤销，匹河乡划归福贡县。福贡县匹河乡是我国怒族人口分布最集中的乡，全乡现有 3350 户 11436 人，其中怒族人口 9812 人，占该乡总人口的 85.8%。为了更好地贯彻执行《中华人民共和国宪法》和《中华人民共和国民族区域自治法》的有关规定，落实好党的民族政策，切实保障怒族人民的合法权益，根据匹河乡怒族分布集中、人口比重大的特点和当地广大怒族人民长期的热切希望及要求，经福贡县人民政府、怒江州人民政府向云南省人民政府请示，将匹河乡改为匹河怒族乡。后经云南省人民政府同意，于1988年5月正式批准撤销福贡县匹河乡，设立匹河怒族乡。

匹河怒族乡下辖果科、普洛、知子罗、老姆登、沙瓦、架究、托平、瓦娃和棉谷等9个村民委员会65个自然村。

六、怒族干部茁壮成长

中华人民共和国成立后，中国共产党和人民政府采取措施，在怒族民众中物色及遴选积极分子。遴选的积极分子必须是有培养前途、历史清楚、政治可靠和思想进步的劳动人民。其中思想进步的表现就是：听政府的话，坚决跟共产党走；积极宣传党的政策，反映真实情况；生产和学习积极，能带动群众。然后，各级部门采取积极措施，教育、锻炼和重点培养这些积极分子。其中，一些人逐步发展成为团员、党员，还分期、分批地被送到各级党校、民族院校或干部训练班深造，

并组织他们到内地参观学习，开阔眼界，提高觉悟，培养能力。他们加入党团组织后，被培养为民族干部，迅速走上各级党政岗位，担任领导职务，代表本民族管理相关事务。据中共怒江区边疆工作委员会统计，1953 年全区共有 772 名干部（部队除外），其中怒族干部有 55 名。1954 年，怒族干部达到 73 名。他们分别担任副州长、县长及局长、科长等不同的领导职务，在不同的岗位上，执行党的政策，密切联系群众，努力工作。

1955 年，怒江区开始了农村建党、建团的试点工作，培养党员、团员，建立农村党团支部。同年，在 42 个乡发展了 48 名党员，其中怒族 14 人，约占三分之一，他们分别担任了各级乡村基层政权的领导。

此后，云南省、丽江专区及怒江州各级党政部门继续采取措施，加大选拔、培养和起用怒族干部的力度，怒族的各级领导干部迅速茁壮成长。1960 年，在怒江州担任州、县、区及公社领导的怒族干部超过 100 人，其中区级以上干部有 60 余人。1978 年，怒江州有怒族干部 270 余人，其中县级机关干部就有 135 人。

2000 年，怒江州有少数民族干部 13200 余人，其中怒族干部有 800 余人，到 2009 年怒族干部增至 878 人。2015 年，根据不完全统计，怒族干部增至 1022 人。他们分别在州、县及乡镇的各级党政机关工作，一部分同志还在省直部门、州、县、乡党政机关担任领导职务。他们在反映本民族意愿、代表怒族人民管理国家事务方面发挥了积极的作用，体现了怒族人民当家作主的愿望和能力。同时，在州内外的各级各类学院、医疗机构、文艺团体以及企业、商界中，也有一定数量的怒族干部、知识分子和管理人才。他们当中有博士、教授、主任医师、文艺家、民族历史文化专家，也有企业家等。在党组织的重视培养下，先后有一大批怒族优秀干部走上了重要领导岗位：李政才（怒江〔区〕州副州长，已故）、彭恩德（怒江州人大常委会副主任，已故）、和世生（第一位怒江州法院院长，已故）、亚娜（女，先后任

怒江州副州长、云南省政协教科文卫体委员会正厅级副主任，已退休）、和益波（怒江州人大常委会副主任，已退休）、和富益（先后任怒江州委常委纪委书记、副州长、州人大常委会副主任、巡视员，已退休）、斯大保（先后任怒江州中级人民法院院长、州人大常委会副主任，已退休）、彭兆清（怒江州政协副主席，已退休）、李善荣（云南省卫计委副主任，在职）、李坤珍（先后任怒江州委常委、州委统战部部长、怒江州政协主席、党的十九大代表，在职）、李志恩（西双版纳州委常委、州委统战部部长）。

毕业于清华大学的首个怒族若柔博士　摄影：杨武勇

毕业于武汉大学的首个怒族怒苏女博士　摄影：桑舒平

七、历届全国人大怒族代表

历届全国人大代表中的怒族代表：第二届为李政才，第三届为和世生，第四届为温玛乍(女)，第五届为秦学英（女)，第六届为邓扒才，第七届为亚娜（女)，第八届为和丽梅（女)，第九届为曲路，第十届为王勇德，第十一届为丁秀花（女)，第十二届为邓前堆。

第一届全国人民代表大会代表中有没有怒族代表不详。

八、历届全国政协怒族委员

历届全国政协委员中的怒族委员：第八届为甫云聪，第九届、第十届、第十一届为彭兆清，第十二届为丰卫祥。

全国政协委员中 56 个民族每个民族都有代表。怒族的委员是从第八届开始的，第一至七届全国政协委员中没有代表怒族的委员。

中国人民解放军某部 126 团进藏途经怒江　摄影：江河泽

欢欣鼓舞
——党中央关怀怒族人民

一、支援解放军进军西藏

1950 年 6 月，党中央作出了和平解放西藏的重大决定，中国人民解放军将进军西藏，四川、云南等省担负着光荣的援藏支前任务。云南的援藏任务主要集中在与西藏接近的滇西北地区。在怒江“边四县”，解放军某部一二六团将经过滇藏结合部的贡山县，进军西藏察隅等地。

1950年7月，贡山县工委接到解放军某部即将路过贡山的通知后，把援藏支前任务当作全县的头等政治任务，立即与各界人士进行协商，对干部群众进行广泛宣传动员，领导全县人民很快投入到迎军支前工作中。贡山与西藏山水相连，贡山怒族人民与藏族同胞很早就保持着密切往来，建立了深厚的民族感情。当得知人民解放军进藏，百万藏族农奴将要翻身解放的消息后，无不欢欣鼓舞，全县人民很快行动起来，以极高的政治热情，投入到为进藏部队修路架桥的劳动热潮之中。包括怒族在内的1000多名各族民工，经过2个多月的艰苦奋战，终于把一条从贡山县城通往西藏察瓦洛的崎岖山道，修筑成了人马通行的宽敞驿道；在江面上架设了新溜索，渡口上增设了船筏；还在部队经过的路口、驿站设置了茶水招待站，用青松翠柏搭起了迎接解放军的标语牌坊。

1950年8月，人民解放军某部一二六团在高建勋团长率领下，到达贡山。他们是中国人民解放军进藏参加昌都战役的南线部队，任务是经过

贡山，北上西藏，占领门工、碧土、察隅等地。部队一进入贡山，就受到当地各族人民的夹道欢迎，当地人民举行文艺晚会，慰问子弟兵。部队对贡山的支前工作很满意，并给予了高度赞扬。

部队在贡山休整的第三天晚上，当地突然发生了百年不遇的强烈地震，一时山崩地裂，路阻桥断，刚刚修通的进藏驿道到处坍塌，严重损毁，无法通行。部队被迫原地待命。地震发生后，贡山各族人民响应县工委的紧急动员，为了支援解放军早日解放西藏，大家不顾在震灾中遭受的伤亡和损失，迅速行动起来，投入了抢险修路的紧张战斗中。短短10天时间，就修复了被损毁的全部路段，使进藏驿道重新畅通，保证部队迅速进入藏区。当一二六团从贡山开拔时，全县数百名支前民工和20名翻译人员，背负军粮、弹药，充当翻译、向导，随军进入西藏，圆满完成了支援解放军解放西藏的光荣任务，受到部队的高度赞扬。

二、中央访问团亲临怒族地区

在顺利完成援藏迎军支前任务2个月后，怒

欢迎中央访问团亲临怒族地区　供稿：怒江州档案馆

族地区又迎来了中央访问团的慰问。中央访问团亲临怒江峡谷，开展了访贫问苦、社会调查的工作，对疏通民族关系、加强民族团结、巩固边疆国防起到了里程碑的作用。

党中央、毛主席非常关心边疆各族人民，1950 年 10 月派出了中央访问团，不远万里，来到云南边疆访问，向各族人民表达心意。消息传到怒江，当地的党委领导立即率领数百人的代表团，

分别前往丽江、保山地区迎接，参加了中央访问团召开的万人慰问大会。会后代表团又把中央访问团怒江分组迎来怒江慰问。

1950 年 12 月，中央访问团怒江分组不辞辛苦，跋山涉水，徒步行走 7 天到达怒江后，深入到碧江、福贡 2 县，召开数千人的群众慰问大会和各族各界人士的座谈会，赠送毛泽东同志题词“中华人民共和国各民族团结起来”的锦旗和慰问品、解放大西南纪念章，宣传党的民族政策，号召各族人民加强团结，努力生产，支援抗美援朝，保家卫国，支持解放西藏，建设美好边疆，巩固国防。访问组与各族群众和各族各界代表人士广泛接触，了解各民族的生产生活情况，做头人的团结工作，还深入到 5 个傈僳族、怒族村寨，访贫问苦，宣传政策，进行民族社会历史调查。经过 16 天的紧张工作后，中央访问团怒江分组才满载怒江各族人民对党中央、毛主席的深情厚谊离开怒江，前往保山访问。

中央访问组离开怒江时，留下一批赠送给各

族人民的盐、布、针线等慰问品，由地方政府代发。怒江特区工委抓住这一加强民族团结的重要机遇，在发送慰问品时多加上一部分盐巴，然后组织有部队参加、阵容庞大的工作队，下乡向各族人民分发慰问品，并结合做好事、交朋友、宣传政策，扩大中央访问团的政治影响。这时参加国庆观礼的代表裴阿欠、李政才已从北京回来，也参加了工作队，下乡进行宣传活动。

中央访问团深入雪山峡谷访问各族人民和工作队，下乡分送慰问品，做好事的活动，在怒江各族各界中引起了巨大反响，产生了深远影响，发挥了重要作用：

一是使各族人民增强了国家观念。

二是密切了党和群众的联系。各族群众对他们的代表裴阿欠、李政才（怒族）见到了毛主席、朱总司令，还同他们握手、谈话、同桌吃饭，非常感动。他们说，这是我们祖宗十八代做梦也不敢想的事。我们少数民族也得见天日了，真正做到民族平等了。共产党、毛主席真是我们各族

人民的大救星。

三是改善了军民关系，增进了军民感情。工作队多数是部队同志，他们发扬我军的光荣传统，走到哪里就把好事做到哪里。

四是干部受到了教育。外来干部在送慰问品、访贫问苦工作中，看到边疆各族农民住草房、吃稀饭、无鞋穿，生存条件恶劣、生活贫困的情况，深感自己在边疆工作责任重大，从而进一步增强了长期扎根边疆、以艰苦为荣、全心全意为边疆各族人民服务的思想。

五是留下了珍贵的社会调查资料。中央访问组通过对 5 个村寨傈僳族、怒族的社会历史调查，获得了丰富的第一手资料，并形成了调查报告。这些资料具有很高的学术价值，对怒江民族工作有着重要的指导意义。

中央访问团到怒族地区访问，犹如春风化雨，融化了坚冰，化解了隔阂，疏通了民族关系，增强了民族团结，为怒江的民族工作打开了局面。

三、组建民族工作队“做好事、交朋友”

中华人民共和国成立初期，怒江“边四县”虽然建立了党的特区工委，各县成立了临时革命政权，但工委领导只有一二人，每县的干部仅10几个人，其他为国民党设治局留用人员，干部十分缺乏，怒江亟待加强干部力量，以便全面开展工作。

1952年下半年，内地土地改革接近结束，全国基本完成国民经济恢复工作，开始进入国民经济建设第一个五年计划。云南省委开始对边疆民族地区加派领导和干部力量，全面加强了对边疆工作的领导。在怒江，省委根据党的民族区域自治政策，决定从丽江专区划出碧江、福贡、贡山3个县，从保山专区划出泸水，以怒江边沿的4个县成立怒江傈僳族自治区。又于1953年5月将中共怒江特区工委改建为中共怒江边疆工作委员会，加派了大批领导和干部力量，充实边工委和各县工委领导。同时，根据实际需要，由丽江地

委和怒江边工委分别举办干部训练班，为怒江吸收培训大批干部，建立民族工作队，充实各县的干部队伍。

1953年3月，丽江地委从基本完成土改的鹤庆、永胜、剑川、丽江等县农村中，吸收了大批土改中涌现出来的青年骨干分子，在丽江集中代培，对他们进行马克思主义民族观的教育，组织他们学习党的民族政策和政治理论，树立为边疆少数民族服务的思想，要求他们长期扎根边疆，以边疆为家，以艰苦为荣，在边疆“生根、开花、结果”。通过学习，学员坚定了到边疆去，到最艰苦的地方去，与各族人民同甘共苦，建设边疆的决心。经过4个多月的学习后，90名学员成为边疆工作队队员，碧江、福贡、贡山3县，每县分配30名，由何澍霖、葛诚忠同志带队，于1953年8月到达各县。

1953年3月开始，怒江特工委也在所在地碧江县知子罗开办了怒江区民族干部训练班，从“边三县”农村中选拔优秀青年农民进行培训，每期吸收学员五六十名，培训3个月，共办了2期。这些农村学员，多数不识汉字，不懂汉语，只有少数学员读过小初或识傈僳文，因此每期干训班先用2个月时间上文化课，教学员学习汉语汉文，打下一点文化基础，然后进行政治理论教育，使学员认识到共产党的正确领导、祖国的伟大，懂得党的民族政策和怎样当好一个民族干部，使他们对民族工作的主要任务和方针政策有一个基本的了解。这些民族青年学习积极性很高，特别对学习文化十分刻苦努力，经过3个月的短期培训，一般都能说普通的日常汉语，学会了几百个汉字。学习启发了他们当家作主、为自己的家乡和民族办事的政治热情。边工委随时了解掌握学员的学习表现，把一部分青年保送到各级民族学院继续学习深造，一部分送回农村，大部分吸收参加工作。2期培训班共吸收了100多名民族青年参加工作，然后将他们分配到“边三县”，参加民族工作队。后来这批民族干部经过实际锻炼，成长为自治州的骨干力量，许多人担任了领

导工作。自治州原州长邓阿冷同志就是经过民干班培训成长起来的领导干部。

200多人的民族工作队组成后，为了发挥这支队伍的力量，怒江边工委在“边三县”123个乡（现在的行政村），选择了有代表性的15个乡，作为各县工委的重点乡工作点，派驻工作队长期蹲点，进行典型示范，取得经验，以点带面，稳步推进全面工作。各县工作队由县委书记兼队长，县以下各区工作点由区委书记兼点长或由参加区委的专职干部任点长，加强领导，使民族工作队的工作有布置、有检查、有总结，定期向上一级党委汇报。

1953年9月，各县民族工作队先后进村蹲点，根据怒江边工委和县工委的指示，切实贯彻“慎重稳进”“团结、生产、进步”的边疆工作方针，稳步开展民族工作。

一是做团结上层，稳定群众工作。二是做解决困难，发展生产工作。三是抓文教卫生，开发民智工作。

1954年，怒江傈僳族自治区成立后，民族工作队根据“直接过渡”方针，继续开展了山区生产改造、培养农村干部、建立乡村政权等各项工作，为怒族地区党的民族工作奠了基、开了路、做了开创性的工作。

四、怒族地区向社会主义的“直接过渡”

（一）“边四县”“直接过渡”方针的确定与实施

1954年8月，中共云南省委经西南局批准下达的《关于边疆工作情况和今后工作意见》中确定了怒江“边四县”属于云南边疆两种社会类型中的第二种类型，提出第二类型地区的边疆工作方针，指出：“在第二类型地区，由于民族阶级分化不明显，将基本上不进行内部的土地改革，为此考虑：这种地区应当以‘团结、生产、进步’作为他们长期的斗争方针。必须在党和工人阶级的领导下，团结广大劳动人民，团结和教育与群众有联系的民族的宗教的领袖人物，通过人民政府和先进民族长期有效的帮助，大力发展农业、

副业和手工业生产（包括不同程度和不同形式的互助合作组织），发展国营经济和交通运输，有重点地发展民族的文化卫生事业，认真培养民族干部，以积极稳步地增加社会主义因素，从而创造条件，逐步消除民族的落后因素……以便同样通过农业、手工业合作化的道路，保证他们直接地却是逐步过渡到社会主义”。

12月20日，中共丽江地委在发出的《关于边疆民族地区如何执行省委扩大会议指示的意见》中提出，怒江傈僳族地区的基本情况完全符合省边委所分析的第二类型地区。即从现有经济基础出发，“直接过渡”到社会主义社会。对一般地区无地农民的土地主要通过开荒解决，对个别地区土司、地主的土地采取调整的办法。在此基础上搞合作社以逐步过渡到社会主义社会。

这样，怒江“边四县”实行“直接过渡”方针就正式确定下来。

中共怒江边工委贯彻执行“直接过渡”方针，领导各族人民，开展了以发展生产为中心的山区改造运动，通过扶持发展生产、土地调整、培养干部、改造和建立乡村政权，从各方面加强工作，积极为全区的农业社会主义改造和“直接过渡”创造条件。

一是以协商方式调整土地。二是改良耕作制度，扶持发展生产。三是培养农村干部，改造乡村政权。

随着怒江傈僳族自治区（州）和民族乡的成立，农村的中上层人士已被初步安置，农村中劳动人民出身的大批骨干积极分子已成长起来，改造原来的乡、保、甲制度，建立乡村人民政权的条件已经成熟。中共怒江边工委于1955年向“边四县”发出了建立乡村政权的指示和具体要求。

各县党委认真贯彻边工委的指示，先在工作基础较好的重点乡进行试点，首先建立乡反帝爱国生产委员会，锻炼提高干部，条件成熟后，成立乡人民委员会。到1955年底，全州16个重点乡完成了改造乡政权的任务，建立了乡人民委员会。在此基础上，再从面上铺开。经过细致深入

的工作，充分协商、发动群众，到1958年上半年，全州顺利完成了全部乡村的建乡建政工作。从而实现了各族人民当家作主的愿望，更好地领导群众走社会主义道路，实现“直接过渡”。

（二）“直过区”的农业互助合作

1955年7月，毛泽东同志发表了《关于农业合作化问题》的报告，12月，中央公布了《全国农业发展纲要（草案）》，全国广大农村随即掀起了农业合作化运动的高潮。地处边疆的怒江各族人民，在全国农业合作化高潮的影响下，走农业合作化道路的呼声很高，有的地方群众已经自发地办起了合作社。

怒江边工委为了既保护群众的社会主义积极性，又使边疆的互助合作运动有组织、有计划、有重点地稳步推进，实现向社会主义“直接过渡”，在领导互助合作中采取了下列措施：

一是组建办社生产工作队，指导互助合作。1955年，怒江边工委委托丽江地委代培办社工作队员。丽江地委合作部从办社多年的鹤庆、剑川、丽江等县招收了70多名农业社年轻社干部，在丽江进行了1个多月的培训后，先让他们到兰坪县农村进行了半年的办社工作，在取得经验后，于1956年8月把他们分配到“边四县”农村，指导群众组织互助合作活动。

二是培训办社干部。

三是坚持从组到社、逐步发展的原则。

四是坚持初级社的办社原则。

为了帮助合作社解决初办社中的困难，国家拨出一定的资金，扶持合作社购买耕畜、农具、籽种、农药和农田水利建设器材，提高扩大再生产的能力。仅1956年国家就向合作社拨付了资金26万元。

由于认真贯彻了自愿互利和合作社按劳分配的原则，充分调动了农民和社员的劳动生产积极性，全区大力发展互助组，重点试办合作社取得了很大成功。互助组和合作社在1956年都获得了增产增收，尤其是合作社增产增收幅度更大。67个试办的合作社中，比1955年增产1倍以上的有

6个社，增产8成以上的有12个社，增产2成到4成的有37个社，做到社社增产，保证了99%以上的社员收入增加，社员生活都有了进一步改善，充分显示了农业互助合作的优越性。到1956年底，怒江“边四县”合作社发展到123个，入社农户2582户，占总农户的10.05%。

（三）“边四县”的农业合作化规划

为了有组织、有计划地开展农业合作化运动，逐步完成农业的社会主义改造，直接地、逐步地向社会主义过渡，怒江边工委在着手试办农业生产合作社的同时，制定了《关于“边四县”1956~1962年农业合作化规划》。

《规划》从怒江实际出发，指出在合作化的发展上，应该实行由低到高、由小到大、由少到多、由点到面、循序渐进的方针，遵循互助组到合作社，半社会主义的初级合作社到全社会主义的高级合作社的基本规律发展。根据怒江区（州）的实际情况，要求1958年完成半社会主义的合作化，1960年完成全社会主义的合作化。

在初级合作社的发展速度上，要求1956年试办初级社140个（实际办了123个），以每社20户计算，争取2800户农户入社；1957年再建450个社，发展到590个社，共争取14000户农户入社，占总农户的56%；1958年再建了365个社，发展到955个社，共争取24200户农户入社，占总农户的97%。基本实现初级农业合作化。

在高级合作社的发展速度上，要求1957年试办高级社55个，平均每社45户，争取2475户农户入社；1958年再办100个社，达到155个社，入社农户达到6970户，占总农户的28%；1959年，再办220个社，达到375个社，入社农户达到16875户，占总农户的67.5%；1960年再办150个社，达到525个社，入社农户达到25000户，基本实现高级农业合作化。1960年后，根据自然地理条件，逐渐实行并社，到1962年，合并为200个社左右，平均每乡（行政村）2社，每社100余户。

总之，“边四县”试办初级农业生产合作社

的实践证明，在阶级分化不明显，生产力低下的边疆少数民族地区，不经过土地改革的步骤，而通过农业互助合作的道路，发展生产，改善生活，直接地、逐步地过渡到社会主义是正确的方针，“边四县”试办社的成功，为怒江各族人民树立了向社会主义“直接过渡”的光辉榜样，产生了广泛的影响，激发了各族人民走互助合作道路的积极性。

曲折前进——“大跃进”、人民公社化运动与“文化大革命”

一、“大跃进”

（一）农业“大跃进”

1957 年 10 月，党的八届三中全会通过了《1956 年到 1957 年全国农业发展纲要（修正案）》，提出了多快好省地建设社会主义的总方针。1957 年 11 月 13 日，《人民日报》发表社论，提出在农业生产战线上来一个“大跃进”。

中共怒江边工委在组织领导全区各族人民大力发展互助组，重点试办合作社取得很大成功，在群众发展生产积极性普遍高涨的形势下，响应省委的号召，于1957年11月下旬到12月初，指示各县召开积极分子大会，以辩论的方式，由下而上制定了兴修水利和农田建设计划，确定了1957年冬到1958年春共兴修水利605条、开挖水田36000亩的计划指标。

认为落后的边疆民族地区取得某项成绩并不那么困难，忽略了对实际情况和民族特点的冷静分析，产生了思想上的片面性，以致后来对农业生产要求高指标，对体制变革要求高速度，对一切问题都总是要求高速度解决，偏离了实事求是的思想路线，造成了后来工作中的许多偏差和失误。

（二）工业“大跃进”

在开展农业“大跃进”的同时，根据中央和省委、地委“以钢为纲，带动一切”的方针和克服右倾保守思想，地方工业也必须来一个“大跃

进”的指示，中共怒江边工委对全州开展工业“大跃进”进行了部署，向“边四县”提出必须坚决完成1958年地方工业产值4670万元的计划，成立了边工委工业部、工业办公室、工交局，加强对工业生产“大跃进”的领导。兰坪县也制定出了工业“大跃进”的计划，成立了县工业部，由一名县委副书记任部长，进一步加强了领导。全州逐步掀起了大办工业的高潮。到1958年5月底，“边四县”在原有16个工矿企业基础上，新建厂矿增加至44个，工人增加至2235人，共采集云母102吨、水晶石26吨、绿柱石2129公斤，生产各种农具24956件。兰坪县新办了下甸、富隆、金龙等5个国营铝厂、5个国营铁厂。8月以后，根据上级“大战钢铁铜”的要求，“边四县”组织了8000多人的劳动大军上山“大战钢铁铜”，后来又增加到15000多人，许多机关干部也上山安营扎寨，与群众同吃、同住、同劳动，参与试验。按照“边探、边采、边学、边建”的方针，到处建起小高炉，炼铁炼钢炼铜，掀起了全民

“大战钢铁铜”的热潮。年底，边工委又要求各区都建立农具修配厂，每个公社建立3个土化肥厂，建立各县水电站，甚至不切实际地提出在下一年三季度以前实现全州半机械化生产的目标。

在没有工业基础的边境地区，不切实际地提出通过短时期的“大跃进”就要初步建立起工业体系的过急要求，而且为了“大战钢铁铜”，大片森林被滥砍滥伐，使生态环境遭到了严重破坏。为了充抵“钢铁铜”的“产量”，群众家里的铜铁炊具、用具都当作废铜废铁进行收购抵充，影响了群众生活，造成不良影响。再就是千军万马上山“大战钢铁铜”，留下老弱病残、半劳动力坚持农业生产，秋收时因劳力不足，地里的粮食不能及时收割回来，造成浪费，增产不能增收，加之用粮无计划，吃饭不要钱，大办公共食堂，造成1958年下半年以后口粮逐步紧张，1959年已经极度紧张的局面。

二、合作社和人民公社化运动

（一）合作社运动

按照1956年怒江边工委制定的《关于“边四县”1956—1962年农业合作化规划》要求，怒江“边四县”在1956年重点试办农业合作社的基础上，1957年为加大试办力度，使合作社入社农户达到总农户的56%，1958年使入社农户达到97%，实现半社会主义性质的初级农业合作化，到1960年再发展到社会主义的高级农业合作化。这是一个从边疆实际出发，稳步前进，实现农业合作化的规划。

但是，在1957年冬到1958年春全州农田水利建设达到高潮，大大突破建设计划以后，中共怒江边工委渐渐失去冷静，认为在合作社发展速度上也可以来一个“大跃进”，于是采取“鸣放、辩论”的方式，组织机关和农村批判“民族落后论”“边疆特殊论”，对“干还是不干，大干还是小干，大跃进还是不跃进”的问题进行辩论，把单干当成不适应集体生产的主要矛盾，谁不入社就另眼看待，甚至视为不跟共产党走，产生了强迫命令。

（二）人民公社化运动

1958年8月，中共中央北戴河会议作出《关于在农村建立人民公社问题的决议》后，全国一哄而起办起人民公社，一切财产上交公社，统一核算，统一分配，实行部分供给制。怒江州学习内地做法，在赶超内地的口号下，于10月“一步登天”，除独龙江外，所有怒族地区毫无例外地办起了人民公社。

初级农业合作化，是半社会主义的性质；高级农业合作化，是全社会主义的性质；那么人民公社化，就是共产主义性质了。按照共产主义设想建立的人民公社，一切就要体现公有，强调发扬共产主义风格，奉行“一大二公”。

在这样的观念指导下，人民公社建立后，社员入社，就把一切生产、生活资料，包括土地、园地、果林、黄连地和耕牛、猪、羊等全部交给

公社，成为公有财产。名义上说是折价入社，实际没有给社员兑现，是对社员财产的剥夺。

大牲畜、猪、羊入社，实行关大厩集体饲养，管理不善，没有几个月就出现牲畜大量死亡。

劳动实行军事化，社员编入大队、小队和班、排、连，统一调配劳动力，进行集体劳动生产。

生产实行高指标，完成指标任务的插红旗、受表扬，完不成指标任务的插白旗、受批判。

在体制改变、生产指挥、劳动调配和政策执行上，都采取鸣放、辩论的群众运动方式贯彻，谁不同意就说谁是"右倾保守"，甚至对反对"大跃进"、合作社、人民公社的人予以狠狠批判、打击。

（三）人民公社中的公共食堂

人民公社办起来以后，公共食堂是作为一种新生事物进行宣传推行的。开办公共食堂期间，大力宣传公共食堂改变了几千年来农民一家一户为消费单位的生活习惯，走上了生活集体化的道路，公共食堂是社会主义制度的体现，是巩固人民公社的中心环节，公共食堂使妇女从繁重的家务中解放出来，一心一意投入到生产劳动中去等，忽视了边疆民族地区建设社会主义的条件和特点。兰坪县在开办 9 个人民公社后，随即办了 522 个公共食堂、415 个托儿所、25 个幸福院。1958 年 10 月，在“边四县”一步登天实现人民公社化以后，怒江边工委先在各县区试办了一批公共食堂，作为试点于 11 月普遍推行。各县在大办公共食堂时，把群众的大牲畜、家禽、生活用品、用具无偿集中，由集体支配使用。当年的秋收粮食一次集中到一起，由几十户至百户的公共食堂负责舂碓加工苞谷、稻谷，专人负责做饭和办理伙食事务。大家都为粮食获得丰收而兴高采烈，对于在加工过程、环节中的粮食抛撒浪费现象毫不在乎。公共食堂开办时，一日三餐，吃饭不定量，吃饭不开钱，工作队或其他生产队的社员路过，随意到公共食堂就餐，想吃多少就吃多少。甚至随意杀猪宰羊改善生活，大吃大喝，严重忽略了计划用粮和对生活作出全面、科学的安排。各地普遍

开办了托儿所，有的地区把商店的棉被、棉毯拿出来开办敬老院。泸水上江乡在实行部分供给制过程中，实行穿衣不要钱，评级发工资。有人歌颂“人民公社是天梯，公共食堂是天堂”。

到1959年上半年实行了体制调整，把“边四县”人民公社退回到合作社，除泸水还保留部分食堂外，“边三县”的公共食堂基本取消。1961年初，开始贯彻中央调整国民经济方针，对各项工作进行调整，全州的公共食堂问题才最终得到解决。至此，公共食堂全部解散。

（四）对“大跃进”、人民公社化运动的反思

1958年初开展的“大跃进”和1958年10月开始兴起的人民公社化运动，把社员的一切生产、生活资料入社，搞强迫命令、瞎指挥、大协作、大平调，“跑步进入共产主义”，违背了社会发展的客观规律，超越了各族人民的思想觉悟和管理水平，加上推行这些运动都以鸣放、辩论的方式开路，动辄批判斗争，扣上各种“帽子”，打压群众，闭塞言路，使群众不能安居乐业，严重挫

伤了集体生产的积极性，造成了人心惶惶，一些怒族群众背井离乡，纷纷出走境外的严重后果。

三、贯彻“调整、巩固、充实、提高”方针和纠正“五风”

“大跃进”以来由于各种失误造成的边疆包括怒族在内的大量群众外流的局势，引起了中共云南省委的高度重视，从1959年初就提出了边疆农业体制调整等方面的一系列意见，1960年12月，又作了《关于边疆地区贯彻执行中央“紧急指示信”的指示》，重申了“边疆工作总的指导思想，必须是：照顾大局，服从稳定，继续坚持慎重稳进的方针”。提出坚决纠正“一平二调”和共产风、浮夸风、强迫命令风、干部特殊风和瞎指挥风，把边疆稳定下来。稍后，1961年1月党的八届九中全会提出“调整、巩固、充实、提高”的“八字方针”，决定对国民经济实行调整。中共怒江边工委认真贯彻中央、省委各项现行政策，逐步纠正“五风”，进行以农业体制调整为重点的多方面的调整，恢复发展生产。关于镇反、

肃反，划阶级扩大化问题也开始着手纠正。

四、“文化大革命”时期的云南怒族地区

（一）怒族地区“文化大革命”概述

“文化大革命”中，怒江州怒族地区同全国其他地方一样，经济、政治、文化等各领域都遭受了重大的损害。

“文化大革命”时期，怒江州领导机构的变化经历了三个阶段。

第一阶段。1966年5月至1967年3月，从中共怒江傈僳族自治州工作委员会到怒江傈僳族自治州军事管制委员会的成立。

第二阶段。1967年3月至1968年4月，从怒江傈僳族自治州军事管制委员会到怒江傈僳族自治州革命委员会的成立。

第三阶段。1968年4月至1976年10月，从怒江傈僳族自治州革命委员会到一举粉碎“四人帮”。

1973年8月，中共云南省委通知，怒江傈僳族自治州由云南省领导并同意怒江州府从碧江县知子罗镇移至泸水县六库镇。9月，中共怒江傈傈族自治州委员会成立，同时组建中国人民解放军怒江军分区。12月，怒江军分区和中共怒江军分区委员会成立。怒江军分区机关驻泸水县六库镇。

1974年，江青等人发动“批林批孔运动”，妄图打倒一大批领导干部。云南怒族地区形势再度恶化。在这一年，州直机关、群众团体和企事业单位逐步迁移到泸水县六库镇办公。

1975年，邓小平主持中央工作，各条战线开始整顿，怒族地区形势开始好转。

1976年初，江青等人煽起“反击右倾翻案风”，使刚开始的整顿受到严重挫折，怒族地区形势发生逆转。10月6日，党中央一举粉碎“四人帮”，长达10年的“文化大革命”宣告结束。

（二）“文化大革命”的风暴席卷云南怒族地区

在中国共产党的领导下，正当怒江州怒族地区开始按第三个五年计划轰轰烈烈地进行社会主义建设时，全国性的“文化大革命”爆发了，这

给怒族人民带来了深重的灾难。

“文化大革命”期间，在派性斗争的高潮中，怒江州府所在地的碧江县制造了两个冤假错案，涉及不少怒族干部群众。

1. “夺枪搞武斗”大假案

1968 年 1 月 11 日在碧江县城广场召开了一个千人大会，制造了“夺枪武斗”大假案。

这一假案，先后使 100 多名群众受到审查、抄家、批斗，被打成“反军乱军分子”“现行反革命”“牛鬼蛇神”等等。这个“夺枪搞武斗”的大假案，直到 1977 年才得到平反。

2. “抗大公社反革命外逃集团”假案

“抗大公社反革命外逃集团”假案，起因是 1968 年底的清理阶级队伍运动中，一个小学教员胡乱供出一些人，说他们要出逃缅甸。当时领导运动的当局便派人立即将被供出的人抓来胡乱批斗，又供出一些人。这样，牵连的人越来越多，便成了“有组织、有计划、有行动的反革命外逃集团”。这个假案涉及干部、职工和社员达

107人。

（三）怒族地区经济社会在曲折中缓慢行进

1. 工农业生产倒退

“文化大革命”时期，怒族地区在人民公社和生产队的集体经济体制下，由于政治运动此起彼伏，尽管人们早出晚归，但粮食还是连年歉收，根本没有解决人民群众的温饱问题，工业停滞倒退。

2. 物资供应紧张

在实行高度计划经济的“文化大革命”时期，国民经济被拖到了崩溃的边缘。和全国各地一样，怒族地区的非农业人口购买日用品、生活必需品都一律凭购物证（票），否则不予供应。

农民上市交易油脂（包括漆油）及牛、羊、猪等大牲畜都受到国家有关部门的管控。宰杀大牲畜（猪）的农户，除上缴屠宰费外，还得首先拿出一半交售给国家后，方能自己食用或出售余下部分。如果擅自出卖国家统购统销物资就按投机倒把论处，后果是严重的。

这个时期，地方干部职工每月供应粮食27市斤，补助5市斤。非农业人口成年人每人每月供应25市斤，未成年人按年龄分别供应21市斤、19市斤、17市斤、15市斤、13市斤、11市斤、9市斤、7市斤不等。香油每人每月供应5市两。地方干部只求吃饱，不求吃好；农村工作人员实行与群众同吃、同住、同劳动的“三同制度”；干部在农村蹲点，教师在乡下教书都得自己办伙食。因油脂供应量太少，人们把油和盐拌在一起，以盐来提升油脂的摄入量。物资供应十分紧张。

3. 人民群众生活水平下降

“文化大革命”时期，由于林彪、江青反革命集团推行反党反人民的反动路线的毒害，云南怒族地区“宁要社会主义的草，不要资本主义的苗”，疯狂地割“资本主义尾巴”，致使怒族人民群众的生活水平急剧下降。尽管他们早出晚归，常年劳碌奔波于田间地头从不懈怠，但还是不能解决温饱问题。白天在田间地头背诵《毛主席语录》和“老三篇”成为政治任务，夜间还要参加批判会。加之大量的土地属坡度在25°~40°的手挖地，且耕作技术十分粗放，有的亩产几十斤，有的甚至颗粒无收。

兰坪县的怒族群众到云龙县山区换粮、借粮成为常态。贡山、福贡等县的怒族群众也常常以野菜、野果充饥，一年到头买一件新衣、杀一头年猪成了人们的奢望。

4. 以"156工程"为代表的基础设施建设成就

"156工程"是瓦碧公路的延伸，从碧江四河开始，通过碧江的子里甲、架科底，福贡的上帕、鹿马登、利沙底、马吉和贡山的普拉底、茨开等8个区，直达贡山县城丹打，全长155.8公里，故称之为"156工程"。这条公路是以本州的民工为主，并在丽江、迪庆、大理等兄弟州的大力支持下，于1971年1月开工的。这条公路，施工条件异常艰难，州内外的筑路工人，排除万难，以大无畏的精神，打通了上百道的危崖绝壁，跨越了上百条的大箐深沟，并以82名干部、工人献出了宝贵生命为代价，于1976年6月建成通车。这条

公路的建成，使自治州未通公路的福贡、贡山两县最后通了汽车。这条公路，惠及广大的怒族地区，连接瓦碧公路和上江公路，把自治州“边四县”泸水、碧江、福贡、贡连成了一条线，成为纵贯怒江峡谷的公路运输大动脉，有力地促进全州政治、经济、文化的发展。过去从六库到贡山，徒步需走 13 天的崎岖山路，现在坐上汽车，1 天就可以抵达。通过这条公路的建设，培养锻炼了一大批当地少数民族工人。工程结束后，有 620 人成了公路养护工人，175 人当上了汽车驾驶员和汽车修理工人。

欣欣向荣
——基础设施建设凯歌高奏、捷报频传

新旧社会两重天，中华人民共和国成立前后大不同。在旧社会，怒族地区经济社会发展极为缓慢，民不聊生，生活没有保障，安全没有保障，人权没有保障，大家都处在居无定所、朝不保夕、食不果腹的悲惨情景之中。而今天，怒族地区社

会事业建设蒸蒸日上，各项基础设施建设突飞猛进；人们的生活条件逐年改善，生活水平不断提高。尤其是党的十八大召开以来，这里经济不断发展，政治更加昌明，文化日益繁荣，民族更加团结，社会更加稳定，人民安居乐业。如今在党的十九大精神的鼓舞下，在习近平新时代中国特色社会主义思想指引下，一场空前的决胜脱贫攻坚的战役在所有怒族地区打响，胜利在向人们招手，小康就在眼前。

为了彻底改变边疆峡谷山区的贫困落后面貌，国家加大了对怒族地区基础设施建设的投资额度和工作力度。在艰难险峻的环境条件下，大江难不倒，高山挡不住，怒族地区基础设施建设的场面可谓遍地开花，既轰轰烈烈，又扎扎实实，令人叹为观止。

一、交通建设高歌猛进

随着全面建设小康社会宏伟目标的不断推进，云南怒族地区以公路建设为龙头的基础设施建设

怒江州举行脱贫攻坚和基层党建实战队誓师大会

摄影：陈金勇

遍地开花，交通建设已形成网络状，几乎可用四通八达来形容。主要建设成就六兰公路于 1983 年 1 月 21 日动工，1988 年 3 月底基本完工，总长 211 公里。此外，还开通了 7 条县乡公路。在改革开放中，得到交通部和省交通厅的大力扶持，加之自身的努力，怒族地区交通建设捷报频传，交通面貌日新月异。在全面建设小康社会的新形势下，怒族地区相继建成了六库、福贡、贡山等地 6 座永久性跨江汽车大桥；瓦窑—六库—福贡—

怒江二桥（6车道） 摄影：和睦千

贡山已修通了通县油路，改造并铺设了茨开—丙中洛油路；新修了丙中洛—西藏察瓦龙公路；开通了金六二级公路（保山金场岭至怒江州首府六库）；修通了剑川甸南至兰坪县金顶镇金龙的二级公路（总里程95.5公里，概算总投资12.32亿元）。兰坪县兔峨乡境内澜沧江上建成了3座永久性跨江汽车大桥，怒江机场的前期准备工作已全面就绪。90%的怒族村寨通了公路，其中35%的

通村路得到了硬化。绝大部分怒族群众出行不用走，基本结束了人背马驮的历史。广大怒族地区的交通条件得到了极大的改善。

二、能源开发此起彼伏

自 1992 年以来，广大怒族地区掀起了开发利用当地资源的热潮。怒族聚居的兰坪县兔峨乡开发了装机容量 630 千瓦的丰甸河电站，怒族聚居和杂居的福贡县、贡山县的乡村主要靠本土水资源开发利用来带动怒族地区的经济发展。福贡县匹河怒族乡境内有 6 条河流，已开发 4 条河流；怒族与傈僳族杂居的子里甲乡境内有 8 条河流，已开发 4 条河流；怒族与傈僳族杂居的架科底乡境内有 4 条河流，已开发 3 条河流；上帕镇木古甲怒族村境内有 1 条河流，已开发利用；怒族与傈僳族杂居的鹿马登乡境内有 2 条河流，已开发 1 条河流；怒族与傈僳族杂居的利沙底乡境内有 11 条河流，已开发 7 条河流。贡山县怒族聚居的捧当乡境内有 12 条河流，已开发 7 条河流；丙中洛怒族聚居镇境内有6条河流，已开发3条河流。这些小河流的开发利用，主要是2000年以后引进州外、省外民营企业开展的。此外，澜沧江流域大型系列梯级电站中兔峨乡境内的大华电站建设已近尾声。电站建设带动了当地的道路建设、新农村建设和劳务输出等。大、中、小电站的建设，有力地推动和辐射了怒族地区经济社会的发展。现在全州80%的怒族村寨在加工粮食、起房盖屋等各方面都实现了电器化和机械化。

三、通信建设成效显著

（一）古老的通信联络方式已经远去

中华人民共和国成立之前，怒族民间千百年的传递信息的主要手段是差人送鸡毛信、火炭信、木刻牌，用弩射点着火的“火箭”信，打旗幡并依其颜色接收信息和联络。当人们外出走到地形复杂、极易迷路的地段时，行走在前的人用打草结、画箭头、放置石块、插树枝等方式告知后来者前进的正确方向。情侣间还用琴、箫之声传递

心意，也用打竹筒“电话”来表情达意。

（二）现代通信联络方式惠及千家万户

随着网络时代的到来，怒族地区的通信设施和联络方式已发生了质的飞跃，广播电视、网络覆盖率达90%以上。现在村村有广播、报刊，户户有电视；绝大多数中青年人都有手机，少数不识汉字的年迈老人也配备了老人手机；绝大部分青年人还开通了手机上网业务。他们在网上聊天，在网上谈生意，在网上学习，人们足不出户就可及时了解自己所需的信息。人与人之间的沟通联络已十分快捷，邻里亲友之间仅一墙之隔也用手机通话。古代的通信联络方式成了儿童们游戏的节目。

四、市政建设形势喜人

国家在民族贫困地区实行脱贫攻坚政策以来，以城镇道路、供排水、绿化、集贸市场为重点的基础设施建设明显加快。“九五”至“十一五”期间，怒族地区相继投入4.29亿元资金，用于城

州府六库城区一角　供稿：褚海明

市街道改造和扩展绿化、路灯、广场、体育场、供排水设施、农村集贸市场等。城镇化项目遍地开花，加快了怒族地区城镇化进程，极大地改善了城镇居民和农民的生活、居住条件，提高了生活质量。如怒族聚居的丙中洛、捧打、茨开、上帕、石月亮、鹿马登、架科底、子里甲、匹河、兔峨等乡镇所在地，如今已是商贾云集、街道宽敞、购销两旺、宾馆林立、车水马龙，呈现出百业俱兴、欣欣向荣的景象。

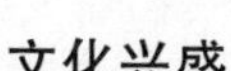

文化兴盛

在中华人民共和国成立前的千百年中，所有怒族地区都在黑暗中演进，人群在蒙昧中繁衍，实际意义上的社会事业一片空白。如今，怒族地区的各项社会事业齐头并进，蓬勃发展，进一步提振了怒族社会昂扬向上的精神气质，全体怒族同胞的综合素质日益增强。

一、民族教育方兴未艾

从史料上看，怒族首批学子进入学校接受教育是在 20 世纪 30 年代，而怒族地区正规办学始于 20 世纪 50 年代初。从 1950 年至 1978 年的 28 年间，怒族地区的民族教育事业经历了曲折发展，既谱写了打基础并健康发展的华彩篇章，又留下了因“文化大革命”而使怒族地区民族教育事业备受摧残畸形发展的脚印。其间，1955 年创办的碧江中学，成为“边四县”第一所完全中学（兰坪兔峨的怒族学子也曾到这所中学读书）。20 世纪70年代上半叶创办了3所中等专业学校（怒江州师范学校、农校、卫校），80年代又创办了怒江州财校，为培养怒族职业技术人才提供了重要条件。

截至2014年，450多名怒族学子从上述学校走向社会，成为怒族地区的重要建设人才。到2010年9月底，怒族地区共办有小学（点）1080个，其中怒族乡村校点80个；小学在校生48179人，其中怒族小学在校生2416人；有高（完）中

兰坪兔峨若柔地区中心完小　摄影：褚海明

8所、初级中学20所，其中怒族聚居地有5所初级中学，有怒族高中在校生302人、初中在校生760人。

随着民族教育的跨越式发展，截至2015年，有怒族博士2人、硕士6人、学士286人、专科毕业生388人；获高级职称（含正高、副高）的28人，获中级职称的76人，获初级职称的186人。所有怒族地区用中文、傈僳文扫盲的工作已全面通过验收。

二、文学艺术异彩纷至

文学艺术是怒族地区社会历史的折射和怒族地区生产生活的再现，具有独特的艺术魅力和艺术风格。具体地说，怒族文学艺术由两个部分构成，即由怒族古典文化艺术和怒族现代文化艺术组成。怒族古典文化艺术蕴藏丰富，形式多样，多姿多彩，有神歌、神话、传说、故事、寓言、童话、诗歌、歌谣、音乐、舞蹈等。党的十一届三中全会以后，文艺的春天回到祖国大地，创作怒族题材的文艺作品、搜集整理出版怒族民间口承文化有了可能。在党的文艺方针政策的指引下，在有关职能部门的支持帮助下，怒族文艺工作者积极投身于文学艺术创作和搜集整理工作中。据不完全统计，截至2015年，出版了文学艺术类作品200多部；抢救、搜集、整理出版怒族民间音乐、舞蹈、歌谣、史诗、祭祀词等作品6套50多部；州、县级民族文化工作团队创作演出了120多个以怒族为主题的音乐、舞蹈、相声、小品等曲目。命名了一批省级怒族非物质文化传人和非物质文化项目；达比亚舞获批为国家级文化遗产；哦得得舞获批为省级文化遗产。怒族有了自己的作家、诗人、音乐家、舞蹈家、摄影家、画家、曲艺家等。

贡山独龙族怒族自治县于2006年成立了县级文学艺术界联合会，怒族聚居的福贡县于2005年成立了县级文学艺术界联合会，怒江州及其他各县的文艺团队中也有怒族文艺工作者在其中供职。所有怒族聚居的乡（镇）都组建了文化站。文学

艺术正在怒族经济社会发展进程中发挥着积极的作用。

2004年，成立了云南省民族学会怒族专业委员会。随后，福贡、贡山、兰坪各县也相继成立了怒族学会。

三、科技进步日新月异

中华人民共和国成立以来，怒族地区成立了科技局（科协），乡镇也建立了林技站、农技站、兽医站。州、县、乡（镇）各级都成立了各种门类的科技协会。一大批怒族的专业和业余的科技队伍正茁壮成长。在农村，每个怒族中青年村民都受到过2项以上的适用技术培训，科学种养意识已深入人心，学科学、用科学在怒族地区已蔚然成风。

目前，怒族有了自己的一大批科技工作者，其中，农艺师10人、高级工程师3人、工程师8人、高级畜牧兽医师2人、畜牧师6人、林技专家2人；出现了一大批种茶、种果、养猪、养羊的怒族专业户和老板。在科学技术的推动下，怒族地区的发展今非昔比，日新月异。

四、民族体育持续进步

怒江民族体育馆　摄影：和睦千

1959 年下半年，怒江州体委、兰坪县体委相继成立，但由于受三年困难时期的影响，工作基本处于停滞状态。党的十一届三中全会以后，建立和健全了州县体育工作机构。1978 年以后，随着场地器材的逐年增多，州内开展的体育竞技项目也不断增多，怒族地区的群众性体育运动得到了正常有序的开展。1983 年，全省体育场地普查，怒族地区有 182 块篮球场。改革开放以后，

修建了贡山县民族体育场、福贡县民族体育活动中心。现在怒族地区的乡镇所在地都有广场、运动场所，村一般也有文体活动场所设施。1986年，在第三届全国民族运动会上，贡山县怒族运动员丰胜光获射弩金牌2枚。贡山县一中怒族女职工余丽珍于1992年代表祖国出访日本，并进行射弩表演，成为怒族地区体育运动史上第一位走出国门的友好使者。

五、医疗卫生硕果累累

翻开怒族地区的史册，直至中华人民共和国成立前，广大民众医药奇缺，卫生条件恶劣，致使疾病丛生、流行病猖獗。怒族人民一旦得病，不是杀牲祭鬼祈求神灵保佑，就是听天由命、等待死亡。1951年，省卫生厅派出的边疆巡回医疗队终于来到了怒族地区，这是进入怒族地区的第一支医疗队。1969年起，先后派来3批上海巡回医疗队深入怒族地区开展巡回医疗活动。他们克服了交通、语言、生活上的重重困难，深入边远

贡山独龙族怒族自治县人民医院　供稿：丰卫祥

村寨，为群众治病防病，得到了怒族地区各族人民的衷心爱戴。怒族地区的医疗卫生事业就是以这些队伍为基础发展起来的，以他们为骨干组建了各县卫生院。自治州成立后，又建立了州医院和各县防疫站及各区卫生所。到 1963 年，怒族地区国家医疗机构达 41 个，联合诊所 8 个，拥有各类病床 311 张、医务人员 339 人。

改革开放以来，各级党委、政府更加重视全州的医疗卫生事业，加强了州、县、乡医疗机构的基础设施建设，引进了人才和技术，装备了先进的医疗器械和设备。与此同时，加强了农村的

医疗卫生工作，广大怒族地区普遍建立了农村卫生室，每个卫生室配备了1~2名乡村医生，农民有病能就地及时得到医治。特别是近几年在农村开展的新农合活动，普遍得到广大怒族农民群众的欢迎，参合率达百分之百，农民群众从中得到了实惠，改变了过去农民群众看病难、看病贵、有病住不起院的状况。此外，在防疫保健、医政管理、爱国卫生运动等方面都有了新的发展，有力地推动了怒族地区医疗卫生事业的蓬勃发展。

六、新农村建设如火如荼

随着国家对人口较少民族实行一系列特殊的惠民政策，全州所有怒族村寨相继实施了“村村通”工程，包括饮水工程、安居温饱工程、通电工程、通路工程等一系列脱贫工程。35%的怒族村寨有了路灯，30%的怒族人家用上了太阳能，衣食住行的所有方面都得到了普遍的改善，从而使昔日贫穷落后的怒族山村告别了贫穷，变成了欣欣向荣的社会主义新农村。怒族群众激动地说：

"我们想不到的国家都为我们想到了，做到了！"怒族人民过上了幸福的新生活。

贡山丙中洛形它新村　摄影：罗金合

七、社会保障体系日趋完善

随着社会的不断发展，城镇和农村的劳动和社会保障工作在怒族地区的社会经济发展中起到越来越重要的作用。国家实行改革开放，推动了怒族地区社会保障事业的长足发展：就业规模稳步增长，就业结构进一步优化，市场导向的就业机制初步建立，社会保险体系不断完善；劳动关系调整和企业工资分配制度改革平稳推进；劳动保障法制建设取得新的进展。在怒族聚居的农村也普遍实行了新型农村合作医疗制度、老年人低

保制度、贫困求助制度和农村安居改造补助制度(前几年国家给农户免费提供改造所需的水泥、免烧砖、石棉瓦等)。一个学有所教、病有所医、老有所养的民生保障体系正在健全完善。

八、宗教活动和谐有序

应该说，怒族地区的各种宗教活动基本上是正常有序的，是依法、依规进行的，“自治、自养、自传”成了各种宗教的行为准则。长期以来，怒族地区的各种宗教及教徒之间是团结和谐的。

第五章　未来展望

环境更美好

党中央、国务院高度关心、重视怒江的发展进步，进一步加大了对怒江的扶持力度，并把怒江州列为党中央支持特别贫困地区决胜脱贫攻坚的对象。为了保护好怒江的青山绿水，使怒江优美的自然环境不遭受破坏，切实做到人与自然和谐共生，把怒江大峡谷打造成更加迷人宜居的“世外桃源”，怒江州委、州人民政府报经中央和云南省委、省政府同意，建设“全域旅游扶贫示范州”，实现怒江与全省、全国同步决胜脱贫攻坚奔小康。为此，在“十三五”期间全力推进以下几方面的建设工作。

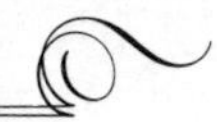

一、怒江美丽公路建设

2017年8月25日，怒江美丽公路开工仪式在泸水市举行。

怒江美丽公路开工仪式　摄影：谢宁

怒江美丽公路是交通运输部“十三五”国省干线改造重点工程，是云南省交通扶贫“双百”工程中“一百项骨干通道工程”之一，也是滇西旅游重要干线项目。起于贡山县丙中洛镇，经贡山县、福贡县，止于泸水市城西。项目主线全长286.68公里，路基宽度8.5米，设计速度40公里/小时，建设工期26个月。美丽公路的建成通车，将极大地提升怒江州内连外通的快速运输能力，还能助推怒江融入云南省主要城市群、滇川藏国家精品旅游带、中国大香格里拉生态旅游区，并为开发怒江大峡谷、“三江并流”世界自然遗产、高黎贡山国家级自然保护区提供良好的交通支撑条件，对怒江州乃至整个滇西片区的经济发展、物流运输、旅游发展以及国防战备将产生极大的促进作用，对加快沿线各族人民群众脱贫致富具有十分重要的意义。

省委、省政府高度重视怒江美丽公路建设。省委、省政府主要领导多次强调，工程要以“中国一流、世界知名”为建设目标，以精益求精的工匠精神，高标准、高起点、严要求地把怒江美丽公路建设为“怒江峡谷交通要道+度假旅游+脱贫致富”为一体的美丽公路典型示范工程，建设为美丽怒江的经济带、景观带、富民带、党的群众路线工作带、民族团结进步示范区建设带和精神文明建设带，建设为经济发展路、旅游观光路、精神文明和民族团结进步示范路，促进怒江州脱

贫攻坚和同步全面小康，不让一个民族掉队。

二、怒江花谷建设

碧罗雪山景区七莲湖风光　摄影：江晓春

怒江花谷生态建设是怒江州委、州人民政府实施“生态养山”发展战略，加快生态修复，巩固生态良好局面的重要部署，是建设国家公园、打造世界级旅游目的地的重大举措，也是开展全面绿化、实现“百姓富、生态美”的重要途径。

怒江花谷建设就是在长达 300 多公里的怒江峡谷美丽公路沿线路旁、乡镇所在地周边、沿途村寨前后、山坡、农家院坝等范围，根据气候、海拔实际条件，种植木棉、凤凰树、三角梅以及竹木花卉。在具体品种的选择上宜树则树，宜果则果，宜花则花，宜竹则竹。采取责任分解到州、县各级部门，到村寨，到学校、企业，既种又管的方法，通过两三年的努力，使整个怒江沿线辐射、带动澜沧江峡谷，形成“四季有花”“四季芬芳”的花谷景观。

交通更畅达

为深入贯彻落实习近平总书记要求云南闯出一条跨越式发展路子的指示精神，怒江州按照省委、省政府“做强滇中、搞活延边、联动廊带、多点支撑、双向开放”的总体布局，抓住国家对“怒江、临夏、凉山三州加快建设小康社会的特殊扶持”和集中特困连片地区交通基础设施建设倾斜的机遇，认真落实好省委、省政府打造怒江州世界级旅游目的地的总体部署，将怒江州“中长期公路网”建设项目纳入省级规划。“十三五”

期间，量力而行，先易后难，重点加强出州、出境等级公路建设，打通州内骨干路网的断头路、瓶颈路，切实实现沿边高等级公路互连互通，提升怒江州开发开放水平，形成内畅外通高效的路网结构。实现高等级公路覆盖怒江国土、经济、产业空间布局，进一步增强怒江跨越发展的承载力、集散力、辐射力，制定了《怒江州“十三五”路网重点项目建设方案》。

抓住省级修编《云南省道网规划（2014—2030年）》的契机，“十三五”期间，争取将怒江州高速公路“一纵一横一联”网络纳入省级规划，着力加快怒江州“一纵”保山—泸水、“一横”剑川—兰坪—泸水—片马、“一联”泸水—腾冲高速公路建设推进工作，促进区域协调发展。

《怒江州“十三五”路网重点项目建设方案》提出：“十三五”期间怒江州规划路网重点推进15个项目，怒江州境内段883公里，估算投资319.1亿元。其中：高速公路项目6个，怒江州境内段228公里（“十三五”期间计划重点推进105公里)，估算投资159亿元；二级公路项目6个，怒江州境内段487.7公里，估算投资143.7亿元；断头路项目3个，167.3公里，估算投资16.4亿元。

一、“十三五”高速公路建设目标

一是举全州之力，加快推进在建的保泸高速建设，确保“十三五”期间建成投入使用；二是根据省级规划，在“十三五”期间，加快落实剑川—兰坪、六库—片马高速公路项目前期工作，配合大理州推动兰坪—云龙高速公路项目前期工作，依次落实筹资方案，适时开工建设；三是加快推进泸腾、六兰高速等项目规划研究工作，完成路线的方案论证，明确路线走向。

二、“十三五”高等级公路建设目标

一是加快推进在建的省道S232线六库段（怒江六库机场二级路）、省道S316六库—兰坪二级公路青吾甸—兰坪段；二是加快落实项目前期工作，2016年下半年启动国道G219丙中洛—福贡二级公路改建工程、国道G219福贡—泸水二级公

路改建工程、国道 G215 维西—兰坪二级公路（兰坪段）项目建设；三是积极争取省级支持，2017 年启动 G219 泸水—腾冲（泸水段）二级公路项目建设。

三、“十三五”断头路建设目标

突出重点，连通断头，积极筹措资金，顺利打通国道 G353 维福公路、省道 S212 德贡公路、省道 S316 兰福公路，完善怒江路网。

怒江州人民政府在 2016 年 3 月 11 日怒江傈僳族自治州第十届人民代表大会第六次会议上的工作报告中作出了着手启动怒江机场、兰坪通用机场的部署，作出了加强做好贡山通用机场、贡山独龙江直升机起降点以及澜沧江、怒江库区航运基础设施等航空航运前期工作的安排。

在“十三五”期间，通过实施《怒江州“十三五”路网重点项目建设方案》，推进航空、航运等项目建设，包括怒江州广大怒族地区在基础设施建设方面，构建“北上西藏，南下保山，西出缅甸，东连大理、丽江、迪庆”的交通网络格局；构建以民用机场为主，通勤通用机场为辅，直升机起降点为补充的怒江航空体系，争取“十三五”末开工建设保山—六库、大理—兰坪铁路。到那时，怒江州即可形成水陆空立体交通格局，实现交通运输的大跨越。

怒江机场开工仪式　摄影：高玉生

文旅变支柱

一、实现《怒江州文化产业“十三五”发展规划》

2016年7月14日，怒江州召开《怒江州文

化产业“十三五”发展规划》评审会。对规划编制的发展方向、发展业态、发展重点、空间布局以及保障措施是否具有战略性、前瞻性、可操作性进行评审。

《怒江州文化产业“十三五”发展规划》提出了“十三五”期间文化产业发展定位、总体考虑和基本框架。该规划涉及了总体思路、基本原则、发展目标、发展业态、重点任务、空间布局和保障措施。体现了创新、协调、绿色、开放、共享的发展理念并主动融入了国家“一带一路”倡议，紧紧抓住云南“三个定位”的战略机遇，根据怒江“脱贫强基，生态养山，产业润江，通道活边”的发展思路，旨在有力促进文化产业与旅游等相关产业的深度结合，充分挖掘怒江州各县的特色、生态、文化、旅游等多元资源，强化州府与4县（市）间的资源互补，拓展和延伸文化发展空间和产业链，形成以六库为主体的核心聚集区，以泸水、福贡、贡山、兰坪4县（市）为主体的特色延伸区，与丽江、大理、迪庆、保山、西藏及缅甸的联动延伸区，形成“中心—特色—外围”的文化产业空间发展格局。

“十三五”期间，广大怒族地区在文化与经济结合、文化与旅游联袂、文化产业与文艺表演互动提升等方面作了积极探索，逐渐进入了可持续发展、不断增效提质的良性运行轨道，对当地GDP的贡献率不断上升。

在“十三五”期间，力求把文化内涵的提升与文化元素融入吃、住、行、游、购、乐各个环节，融入旅游经营管理和接待服务的各方面。深度开发一批集体验性、参与性、娱乐性、教育性为一体的文化主题园区，着力打造一批区域性国际知名的节庆品牌，挖掘开发一批具有浓郁民族文化内涵的旅游演艺产品。

随着扎实有力地贯彻实施《怒江州文化产业“十三五”发展规划》，不断提升文化产业软实力的作用，怒江地区的文旅产业将成为三分天下有其一的支柱产业。

二、把怒江建成国际旅游目的地

怒江大峡谷、澜沧江大峡谷、独龙江峡谷是尚未深度开发的神秘的旅游胜地。它们有四大优势，即丰富的资源优势、得天独厚的区域优势、可贵的机遇优势和潜力十足的后发优势。怒江丰富的资源优势和得天独厚的区域优势呈现出富集、独特、组合性强的三大特点。

“富集”体现在多维的地质奇观、多元的民族文化、多样的生物种群、多变的立体气候，分布着“三江并流”世界自然遗产三分之二的资源；“独特”表现为唯一性和垄断性；“组合性强”指怒江旅游资源带状分布于南北长 320.4 公里、东西宽 153 公里的辖区范围，是人文之谷和景观之谷交融的全域旅游目的地。

可贵的机遇优势和潜力十足的后发优势来之不易，旅游产业是怒江经济社会发展最大的潜力和优势。

云南省委、省政府将怒江列为唯一的“全域

旅游扶贫示范州”支持建设，只要怒江州4县（市）各行业之间积极配合、整合资源、合力攻坚，充分调动企业和社会力量，共同推进怒江全域旅游扶贫示范州创建工作，怒江州即可建设成为国际性旅游目的地，怒江的旅游产业就可培育成为怒江州经济发展的支柱产业。

旅游兴则百业兴，旅游强则怒江强。进入“十三五”以来，怒江州全州上下做强做大旅游产业形成了高度共识，提出了围绕“一个目标突出两个重点”的工作思路。

一个目标就是力争把怒江建设成为国际知名的全域旅游目的地，把旅游业培养成怒江脱贫攻坚的主导产业、群众脱贫致富的富民产业、全州经济社会发展的支柱产业；突出两个重点，就是注重脱贫攻坚和全域旅游。

怒江有181个贫困村，17.9万贫困人口，贫困发生率为38.24%，脱贫攻坚工作为重中之重。

怒江全域旅游建设发展布局为“21215”，即着力建设怒江大峡谷国家公园生态旅游区和独龙

江国家公园，着力建设泸水旅游特色城市，着力培育怒江大峡谷旅游带和澜沧江旅游带，着力培育兰坪县旅游增长极，重点建设丙中洛旅游区、老姆登—知子罗旅游区、罗古箐—大羊场旅游区、石月亮—亚坪旅游区、片马旅游区等5个复合型旅游区，使其成为全州包括广大怒族地区旅游产业跨越发展的主要支撑。

“十三五”期间，在旅游产品打造方面，遵循市场导向、突出特色、打造精品的原则，进一步做响探秘自驾游龙头产品，做精峡谷观光游览产品，做强文化体验旅游产品，做优生态康养度假产品，做特户外运动旅游产品，做大乡村旅游产品，形成具有震撼力、冲击力、市场吸引力的高端化、国际化、复合型旅游产品体系。积极培育国内新兴旅游市场，努力开拓海外旅游市场，不断提高怒江旅游知名度和吸引力，吸引更多的国内外游客。

为了处理好旅游产业与其他各业之间互为条件的关联关系，促进旅游产业长足发展和全面发展，旅游产业的发展要和怒江花谷建设、美丽公路建设、特色小镇建设、民族文化建设相融合。

通过科学规划、深度研发、注重创新、内外融合、持之以恒、强化管理，旅游产业成为怒江全州包括广大怒族地区经济社会发展的支柱产业将指日可待！

百年梦成真

当中国人民的历史巨轮胜利驶入“十三五”完成之日，也是全国人民实现第一个百年梦想——全面建成小康社会之时！远在祖国西南边疆的广大怒族人民也不例外，他们也同祖国各族同胞一道，步入小康！

一、发展进程提速

《中共怒江州委关于制定国民经济和社会发展第十三个五年规划的建议》和州人民政府编制的《国民经济和社会发展第十三个五年规划纲要（草案）》显示，怒江州“十三五”时期经济社

会发展的目标任务：努力实现全州生产总值年均增长10%以上，人均生产总值达到4万元以上；规模以上固定资产投资年均增长20%以上；社会消费品零售总额年均增长10%以上；城镇常住居民人均可支配收入3.5万元以上，年均增长13%以上；农村常住居民人均可支配收入1万元以上，年均增长15%以上；森林覆盖率达到75%以上。到2020年，教育科技、医疗卫生、文化体育、社会保障等基本公共服务全覆盖，综合交通网络和支撑发展的产业体系基本形成，生态建设和环境保护取得显著成效，生态环境质量继续位居全省前列，脱贫攻坚任务全面完成，全面建成小康社会。

二、全面脱贫摘帽，全面建成小康

把脱贫攻坚、全面建成小康社会作为首要政治任务和第一民生工程，按照精准扶贫和精准脱贫的要求，集中一切力量，坚决打赢脱贫攻坚战，确保全面小康路上一个贫困地区都不掉队，一个兄弟民族都不落伍，一个贫困群众都不落下。到

2019年，全州4个贫困县脱贫摘帽，21个贫困乡(镇)、181个贫困村脱贫出列，14.93万建档立卡贫困人口全部脱贫。到2020年，稳定实现农村贫困人口不愁吃、不愁穿，义务教育、基本医疗、住房安全有保障。

三、保障措施有力

(一) 抓牢重大项目，突破发展瓶颈

全力推进重大项目建设，确保保泸高速公路和六丙、泸腾二级公路建成通车，怒江机场和兰坪、贡山通用机场以及福贡知子罗、贡山独龙江直升机起降点建成通航。扎实推进六兰、剑兰高速公路和大丽铁路兰坪联络线、保山—六库—片马铁路、泸水大型水利综合枢纽前期工作，争取在“十三五”期间全面开工。实施好骨干电网和配电网建设，积极争取500千伏及以上变电项目落户怒江。推动与周边国家和地区的能源合作，建设中缅油气管道怒江天然气支线。全面加强信息网络基础设施建设，推进“三网融合”，实施

"互联网+"行动计划。

(二) 发挥资源优势，培强特色产业

实施"4321"工程，全州实现400万头(羽)商品畜禽(130万头畜，270万羽禽)、300万亩木本油料、200万亩中药材、10万亩热区果蔬的发展目标。加大生物产业发展和品牌创建力度，着力推进农产品标准化和"三品一标"建设。做强县域经济，探索"共建园区"或"飞地经济"模式，突出抓好工业招商引资，培育扶持壮大一批具有较强竞争力、带动力的龙头企业，大力引进产业龙头项目和产业链配套项目，促进

怒江贡山草果　供稿：彭义良

本地特色优势产业有机融合、联动发展。加快产业结构转型，抓好金鼎锌业生产接替项目建设和泸水硅工业升级改造。加快推进怒江干流水资源综合开发利用，按期完成澜沧江黄登、大华桥水电站建设。大力发展新兴产业和现代服务业。

四、人民安居乐业

（一）强化公共服务，着力改善民生

坚持以人为本、民生优先，稳步提高基本公共服务水平和质量。全面实施 14 年义务教育，基

福贡县第一中学　供稿：福贡县第一中学

本普及学前教育和高中阶段教育，均衡发展义务教育，大力发展职业教育，稳步发展特殊教育，推进民族教育跨越发展。加快建立覆盖城乡居民的基本医疗卫生服务体系，加快医疗卫生信息网络建设，全面推开城乡居民大病保险，继续实施基本公共卫生服务项目，促进公共卫生服务均等化。切实加强食品药品安全监管力度，保障人民群众饮食用药安全。健全城乡就业、创业服务机制。加快实施文化惠民、边疆数字文化长廊、“七彩云南”全民健身等工程，推进公共文化体育服务基础设施建设。扩大社会保险覆盖面，完善社会救助体系。加快发展养老等社会福利事业。继续推进保障性住房建设。

(二）突出怒江特色，着力加快城乡建设，科学编制城乡规划

全面提高城乡规划质量和水平，增强规划的科学性、前瞻性、综合性，强化规划的引领与协同促进作用，维护规划的严肃性。扎实推进“多规合一”，实现乡镇总体规划修编全覆盖。抓好村

庄规划和示范点建设。坚持开放做规划，发动群众参与编制规划和监督规划实施。

1. 推进特色小城镇建设

按照生产空间集约高效、生活空间宜居适度、生态空间山清水秀的要求，把浓郁的民族文化融入民居、村落、街道、城镇建设之中，充分体现怒江特色。依托特色资源优势，加快产城融合发展。加快推进9个建制镇24个“一水两污”项目建设。抓好老城改造和功能提升，加快新城区规范建设，完善城乡公共服务体系，提高城镇综合承载能力，促进有能力在城镇稳定就业和生活的常住人口有序实现市民化。

2. 建设美丽宜居乡村

把美丽宜居乡村建设与新农村建设、特色民居建设、易地搬迁和生态建设结合起来，加快推进新农村建设省级重点村、省级生态文明乡（镇）美丽乡村示范点、民族团结进步示范村和民族特色村寨建设。加大传统古村落、古建筑保护力度。大力开展农村环境综合整治，建设清洁

家园、田园、水源。因地制宜建设农村、公路沿线、旅游景点卫生厕所。着力建设集特色农业、生态环境、民族文化和美丽宜居为一体的新农村。

高黎贡山再高，挡不住党的光辉照耀；怒江峡谷再深，不如祖国母亲的恩情深。中华人民共和国成立前夕仍处于原始社会末期的怒族人民，因为得到了党的阳光雨露的滋润，得到了祖国母亲怀抱的温暖，跨越几个社会发展形态，走上了社会主义的康庄大道。在社会主义革命和建设的历程中，怒族地区经济社会的发展日新月异，广大怒族人民过上了幸福安康的生活。

在以习近平同志为核心的党中央的坚强领导下，在习近平新时代中国特色社会主义思想指引下，广大怒族人民已经走过了举世瞩目的光辉历程，已经取得了举世公认的辉煌成就。如今，在中国特色社会主义建设的新时期，广大怒族人民仍将时刻紧跟时代潮流，听从党的号召，坚定信心、不忘初心、砥砺奋进，为全面建成小康社会、实现中华民族的伟大复兴而努力奋斗！

怒族历史大事记

一、古代

1. 距今约2000年前，作为古代氐羌族群一员的怒族先民主要分布于今甘肃兰州以西、青海西宁以南的辽阔区域。

2. 距今约1900年前，怒族先民分批次地随氐羌族群由北向南转而向西、向西南“随畜迁徙”“逐水草而居”，经四川西部、南部的雅砻江和金沙江入滇，到达滇西、滇西北一带（即今大理、保山、丽江一带）。

3. 距今约1600年前，怒族先民的一部分开始从分布在大理、保山一带的叟、昆明、鸠僚等古老部落中分离出来，向西、西北缓缓迁徙，进入

怒江流域。据考证，最早进入怒江流域的怒族先民是今日怒族中的阿侬、怒两大支系。

4. 距今约1500年前，怒族先民的一部分随同乌蛮集团陆续向丽江、大理一带集中迁徙。随后，进入丽江一带的怒族先民与进入大理一带的怒族先民开始从乌蛮中分化出来并与顺蛮、施蛮等部落共同活动于滇西、滇西北各地。

5. 738年，唐朝封西南大酋帅蒙归义（皮逻阁）为云南王，此后云南境内战事连绵，南诏地方势力兴起。乌蛮内部六诏间的争斗与中央政府对南诏的征伐加速了乌蛮集团内部分化，作为怒族主体的庐鹿蛮部从乌蛮集团分离出来，从丽江、剑川一带西迁，来到了今云龙、兰坪、维西的澜沧江两岸。《元史·地理志》卷十三对此做了如下记述：兰州，在澜沧水之东，汉永平中始通博南县，唐为庐鹿蛮部。

6. 唐末（约900年），怒族中的怒苏支系（古称庐鹿蛮部），从澜沧江流域陆续西迁进入到怒江流域。据怒苏老人口传，他们的祖先是从第二十一代进入怒江地区，至今已在怒江地区生活了四十三代之久。

7. 宋朝中后期（约1200年），怒族支系若柔从大理、洱源等地迁徙到澜沧江两岸。

8. 清乾隆初年（约18世纪40年代），藏传佛教传入贡山县怒族地区。

9. 1746年，各地怒族民众支持并参加了傈僳族弄更扒领导的反对清朝官吏和泸水土司的斗争。

10. 1801~1803年，怒族民众有组织地参加了傈僳族农民领袖恒乍绷领导的反康普土司起义。

二、近现代

11. 晚清时期（约1870年），兰坪县兔峨乡碧鸡岚、吾批江等村中的若柔李氏、欧氏家族中的一部分人迁徙到今泸水鲁掌镇浪坝寨，自成一个若柔村寨（即水利寨），随后陆续迁徙到泸水的若柔人在六库镇瓦姑村形成了三家村，在登埂形成了登埂若柔村等。

12. 1886年，兰坪怒族青年李庆夫（1866~

1925）考取秀才，成为怒族历史上的第一位秀才。

13. 清光绪年间（1896 年）天主教传入贡山县怒族地区。

14. 1907 年，贡山怒族地区发生了声震中外的“白汉罗教案”。

15. 1911 年 1 月 4 日，爆发了震惊国内外的片马事件。

16. 民国初年（1913 年）基督教传入怒江流域的怒族地区。

17. 1917 年，怒族民众参加了兰坪傈僳族和配三、白族施贵生领导的傈僳族、白族农民起义（史称兰坪“民六起义”）。

18. 1930 年，兰坪怒族青年欧万春（1887～1937）创办兔峨街，每月农历初七、二十一为街天。

19. 1935 年，福贡各族人民大起义。1935 年，福贡的怒族联合傈僳族举行了武装起义，惩杀了上帕设治局局长等人，烧毁了设治局所有的档案、税契、债簿等，占领设治局长达 1 个月之久。最后迫使设治局下令“减少赋税，以平民愤”。

20. 20世纪40年代，爆发了福贡怒族人民火烧洋教堂事件。

21. 1942年，中国远征军入缅对日作战期间，兰坪兔峨怒族地区成立了澜沧江江防抗日支队。

22. 1942年夏，怒江各族人民营救入缅作战的远征军第五军九十六师官兵自高黎贡山撤回国内。

23. 1947年，贡山发生“四二一”民变。

24. 1949年5~8月，怒族地区先后实现和平解放。怒江州的兰坪、碧江2县分别于1949年的8月18日、9月25日成立了人民政府。

25. 20世纪50年代，考古工作者在福贡县匹河怒族地区发现了两处崖画点：一是创作于人类史前时期的托平村吴符寨西南方向2公里处的吴符崖画。崖壁上共有15幅图像，其中12幅在穴内不受日晒雨淋和风化，图像至今基本完整，主要内容是山、河、日、月、人、鸟等。二是位于匹河乡腊斯底村的腊斯底崖画。腊斯底崖画创作

年代晚于吴符崖画。腊斯底崖画绘于悬崖峭壁上，此处崖高15米，宽约50米，崖画主要分布在崖壁下半部，分为3个部分：第一部分画面长12米，第二部分画面长2米，第三部分画面长1米。崖面绘有天、地、日、动物，还有的形似男士，有的难以考辨。这些古崖画的发现，证明了怒江地区是古代人类社会历史文化发展的一个走廊。

26. 20世纪50年代，在怒族地区发现了20多处古代火葬场。

27. 1957年，云南民族调查组在怒族聚居的福贡县匹河怒族乡的甲加、罗宜益、孔同、老姆登和上帕镇的木古甲等地发现新石器时代的遗物，即磨光石斧、石刀、石锄、石碓、石锛。值得注意的是，在这批新石器时代遗物中还伴有2把铜斧，铜斧为冷锻红铜。据有关史学家认定，怒江乃是人类发祥地之一。

同年，在福贡县子里甲乡亚谷村南面200米处，发现了一个古窑址，窑长5米，宽2米，深1.8米。在怒江最上游的西藏察隅县察瓦龙乡的怒族村寨松塔和龙普一带，也发现了夹砂陶罐，为葫芦形。在松塔村外河边的台地上还出土了呈柳叶形状的石箭头。这些遗物的出土有力地证明了怒江流域的远古先民曾在这里经历过原始的狩猎和粗放的农业经济生活。

三、中华人民共和国成立后的大事记

1. 1949 年 5 月，碧江怒族青年李政才、窦桂生，兰坪怒族青年李兆龙、李郁文加入了中共地下党。

2. 1949 年 12 月，怒江州福贡县人民政府成立。

3. 1950 年 1 月 13 日，怒江州泸水县和平解放。

4. 1950 年 10 月，怒族青年干部李政才受到毛泽东主席、周恩来总理的亲切接见。

5. 1950 年 11 月 3~25 日，中央民族慰问团三分团碧江工作组在怒江州开展慰问工作。慰问团工作组曾先后到兰坪、碧江、福贡 3 县慰问。

6. 1951 年 1 月，怒江州泸水县人民政府成立。

7. 1952 年 9 月，怒江州贡山县人民政府成立。

8. 1954 年 8 月，以泸水、碧江、福贡、贡山 4 县为基础，经国务院批准成立怒江傈僳族自治区。1957 年 1 月，怒江傈僳族自治区改名为怒江傈僳族自治州。

9. 1954 年，怒族干部李政才当选第一任怒江傈僳族自治区（1957 年 1 月改为自治州）副主席（副州长）。

10. 1956 年 10 月 1 日，经国务院批准，贡山独龙族怒族自治县成立，实现了独龙族、怒族人民当家作主的夙愿。

11. 1956 年 11 月 27 日，经国务院同意，兰坪县划归怒江傈僳族自治州。

12. 1956 年，贡山县境内修建第一座横跨怒江的桥梁——满孜人马吊桥，此桥取名为幸福桥。

13. 1956 年，宗教界爱国人士提摩提武（1912~1960）当选怒江州政协副主席，成为怒族第一位政协副主席。

14. 1962 年，随着全长 199 公里的瓦（窑）碧（江）公路的贯通，怒族聚居区之一的现福贡县匹河怒族乡通了公路。这条公路的修建，既填补了怒江州境内无公路的空白，又破天荒地使怒族人民出行坐上了汽车。

15. 1970 年，“云南 156 工程”开工建设。为了改善怒江州碧江、福贡、贡山等县的交通条件，云南省人民政府决定，修建碧江至贡山的公路。这条公路全长 155. 789 公里，故简称“云南 156 工程”。

16. 1983 年，怒族妇女干部亚娜（1945~）当选为怒江州副州长，成为怒族妇女第一位副州长。1998 年调任云南省政协教科文卫体委员会副主任（正厅级），成为第一位在省级机关任职的厅级怒族干部，2006 年 6 月退休。

17. 1985 年 2 月 15 日，中共中央总书记胡耀邦到怒江州视察工作。

18. 1985 年，彭恩德当选怒江州人大常委会副主任，成为第一位州人大怒族副主任。

19. 1986 年，怒族聚居区碧江县撤销。

20. 1986 年，全国人大常委会副委员长王兆

国到怒江视察工作。

21. 1988 年，匹河怒族乡设立。

22. 1999 年，国家主席江泽民为贡山独龙族怒族自治县独龙江公路题词：“建好独龙江公路，促进怒江经济发展。”

23. 1999 年 9 月 9 日，修建历时近 2 年的贡山独龙族怒族自治县通往独龙江乡的独龙江公路建成通车。从此结束了中国 56 个民族中独龙族没有公路的历史。

24. 1990~2000 年，交通部定点挂钩扶贫怒江州。

25. 2003 年、2006 年，全国人大常委会副委员长许嘉璐 2 次视察怒江。

26. 2003 年 12 月，经云南省民政厅批准，云南省民族学会怒族学专业委员会成立。

27. 2004 年，怒族学子杨武勇从清华大学毕业，获博士学位。

28. 2006 年、2013 年，福贡县、贡山县、兰坪县怒族学会相继成立。

29. 2011 年，怒族“索道医生”邓前堆获得第三届全国敬业奉献道德模范称号。

30. 2014 年 5 月，怒族女孩桑舒平从武汉大学毕业，获博士学位。

31. 2014~2015 年，首部怒族怒语拼音方案创制成功。

32. 2017 年 3 月，怒族妇女干部李坤珍（1964~）当选政协怒江州第十一届委员会主席，成为担任正厅实职的第一位怒族干部。

33. 2017 年 10 月，首部怒语系列词典《怒苏汉简明词典》由民族出版社出版。

34. 2017 年 12 月，位于福贡县匹河怒族乡的记忆之城——知子罗的怒族博物馆竣工落成。

35. 2017 年 12 月，怒族民间艺人李汉良成为首位被授予国家级怒族非物质文化遗产项目“仙女节”代表性传承人。

参考文献

[1] 樊绰．蛮书［M］//向达．蛮书校注．北京：中华书局，1962.

[2] 宋濂等．元史·志第十三·地理四[M]．北京：中华书局，1976.

[3] 钱古训，李思聪．百夷传［M］//李文修．景泰云南图经志书．昆明：云南民族出版社，2020.

[4] 陈应昌．征集菖蒲桶沿边志［M］//吴光范．怒江地区历史上的九部地情书校注．昆明：云南人民出版社，2014.

[5] 夏瑚．怒俅边隘详情［M］//吴光范．怒江地区历史上的九部地情书校注．昆明：云南人民出版社，2014.

［6］莫舆衡等．知子罗属地志说明书［M］．抄本．1920.

［7］赵耀基等．兰坪县治绘图地志说明书［M］．钤印抄本．1921.

［8］保维德．纂修云南上帕沿边志［M］．钤印钞本．1931.

［9］缪悔一．沧怒两江见闻录［J］．云南边地问题研究．1932.

［10］陈应昌．贡山风土人情［M］．抄本．1934.

［11］杨庆国．开发怒江边陲之设想［M］．抄本．1941.

［12］《云南各族古代史略》编写组．云南各族古代史略［M］．昆明：云南人民出版社，1977.

［13］刘达成．怒族［J］．思想战线，1980（2）．

［14］“民族问题五种丛书”云南省编辑委员会．怒族社会历史调查［M］．昆明：云南人民出版社，1981.

[15] 杨鹤书．云南怒族的氏族与血缘部落残余研究［J］．云南社会科学，1982（6）．

[16] 时佑平．怒族傈僳族是否经历过氏族制？［M］//中国民族学研究会．民族学研究：第五辑．北京：民族出版社，1983.

[17] 田继周．略论独龙族怒族佤族和傈僳族的共耕关系［J］．云南社会科学，1983（6）．

[18] 宋恩常．云南少数民族研究文集［M］．昆明：云南人民出版社，1986.

[19] 孙宏开，刘璐．怒族语言简志：怒苏语［M］．北京：民族出版社，1986.

[20] 云南省编辑组．中央访问团第二分团云南民族情况汇集［M］．昆明：云南民族出版社，1986.

[21] 和鉴彩．独龙族、怒族解放前社会形态［J］．民族学与现代化，1986（3）．

[22] 许鸿宝．土地公有制向私有制转变的中间阶段：略论云南怒江少数民族的土地伙有共耕制［J］．民族研究，1981（3）．

[23] 王叔武．云南少数民族源流研究[M] //云南省民族研究所．民族研究文集．昆明：云南民族出版社，1987.

[24] 杨毓骧．试论怒江上游山岳民族的早期奴隶制 [M] //云南省民族研究所．民族研究文集．昆明：云南民族出版社，1987.

[25] 杨知勇，秦家华，李子贤．云南少数民族生葬志 [M]．昆明：云南民族出版社，1988.

[26] 叶世富，郭鸿才．怒族民间故事[M]．昆明：云南人民出版社，1988.

[27] 杨毓才．云南各民族经济发展史[M]．昆明：云南民族出版社，1989.

[28] 段伶．怒族 [M]．北京：民族出版社，1991.

[29] 严一德．怒江边的怒子 [M] //李绍明，程贤敏．西南民族研究论文选．成都：四川大学出版社，1991.

[30] 李卫才，段伶．怒族怒苏语言资料集[M]．昆明：云南民族出版社，1991.

[31] 高发元．中国少数民族道德概览[M]．昆明：云南民族出版社，1992.

[32] 李绍恩，李志恩．怒族若柔语言资料集[M]．昆明：云南民族出版社，1993.

[33] 怒江州民族事务委员会怒江州方志编纂委员会．怒江傈僳族自治州民族志 [M]．昆明：云南民族出版社，1993.

[34] 云南省怒江傈僳族自治州地方志编纂委员会．碧江县志 [M]．昆明：云南民族出版社，1994.

[35] 尹绍亭．森林孕育的农耕文化：云南刀耕火种志 [M]．昆明：云南人民出版社，1994.

[36] 陶天麟．贡山独龙族怒族自治县教育志 [M]．昆明：云南民族出版社，1995.

[37] 谢本书，郭大烈，牛鸿宾．云南民族政治制度史 [M]．昆明：云南人民出版社，1996.

[38] 刘龙初．略论怒江地区土地所有制形态及其演变 [J]．中南民族学院学报，1997（3）.

[39] 陶天麟．怒族文化史 [M]．昆明：云

南民族出版社，1997.

［40］李绍恩．怒江傈僳族自治州州情知识300题［M］．北京：民族出版社，1997.

［41］高志英．怒族原始宗教探析［J］．民族学调查研究，1997（2）．

［42］刘达成，李绍恩．怒族文化大观［M］．昆明：云南民族出版社，1999.

［43］云南省福贡县地方志办公室．福贡县志［M］．昆明：云南民族出版社，1999.

［44］孙宏开，黄成龙，周毛草．柔若语研究［M］．北京：中央民族大学出版社，2002.

［45］陶天麟．怒族教育史［M］//中国少数民族教育史云南编委会．中国少数民族教育史：第四卷．昆明：云南教育出版社，2002.

［46］攸延春．怒族文学简史［M］．昆明：云南民族出版社，2003.

［47］兰坪白族普米族自治县县志编纂委员会．兰坪白族普米族自治县志［M］．昆明：云南民族出版社，2003.

[48] 程常荣，李绍恩．首届怒江大峡谷民族文化学术研讨会论文集［M］．内部资料．2004.

[49] 李月英．“三江并流”区的怒族人家［M］．北京：民族出版社，2005.

[50] 贡山独龙族怒族自治县县志编纂委员会．贡山独龙族怒族自治县志［M］．北京：民族出版社，2006.

[51] 怒江傈僳族自治州地方志编纂委员会．怒江傈僳族自治州志［M］．北京：民族出版社，2006.

[52] 王四代，王子华．云南民族文化概要［M］．成都：四川大学出版社，2006.

[53] 李绍智．兔峨土司衙署印象［M］．昆明：云南美术出版社，2007.

[54] 赵沛曦，张波．怒族历史与文化［M］．昆明：云南民族出版社，2007.

[55]《怒江傈僳族自治州概况》编写组．怒江傈僳族自治州概况：修订本［M］．北京：民族出版社，2008.

[56]《怒族简史》编写组．怒族简史：修订本［M］. 北京：民族出版社，2008.

[57] 何林．阿怒人：同一屋檐下的不同宗教信仰［M］. 昆明：云南大学出版社，2008.

[58] 李卫才．怒族的伙有共耕制和家庭组织形式［M］//福贡文史资料委员会．福贡文史资料选辑：第3辑．

[59] 朱发德．滇西基督教史［M］. 内部资料．2008.

[60] 中央民族大学调查组．怒族调查报告［J］. 怒族研究，2008（4）．

[61] 和光益．悠悠岁月［M］. 内部资料．2008.

[62] 叶世富，李卫才，普利颜，罗自群．怒江州非物质文化遗产系列丛书·怒族神歌［M］. 内部资料．2009.

[63] 怒江州人民政府研究室．1958~2011 怒江州政府工作汇编［M］. 内部资料．2011.

[64] 怒江州文学艺术界联合会．怒江人文地

理 [J]. 内部资料，2008（356）.

[65] 怒江傈僳族自治州地方志办公室. 怒江傈僳族自治州年鉴 [J]. 内部资料，2005（1）.

[66]《贡山独龙族怒族自治县概况》编写组. 贡山独龙族怒族自治县概况 [M]. 北京：民族出版社，2008.

[67] 云南省民族学会怒族学专业委员会. 怒族研究 [J]. 内部资料，2005（1）.

[68] 李绍恩. 中国怒族 [M]. 银川：宁夏人民出版社，2012.

[69] 李月英，黄海耘. 古道家园 [M]. 北京：民族出版社，2012.

[70] 张跃，李绍恩. 峡谷中的怒族社会 [M]. 昆明：云南大学出版社，2012.

[71] 王志红，谢薇，杨云. 峡谷深处的健康智慧：怒族传统医药文化 [M]. 北京：民族出版社，2015.

[72] 李绍恩. 当代云南怒族简史 [M]. 昆明：云南人民出版社，2014.

[73] 朱发德，李松发．兰坪风物志 [M]．昆明：云南民族出版社，2014.

[74] 朱发德．贡山风物志 [M]．昆明：云南民族出版社，2016.

后 记

2017年9月上旬，怒江州社科联李文育主席约见我，拟把云南省社科联安排给怒江州的《怒族史话》一书交给我完成。我本人是怒族，又是怒江社科战线的一名老兵，文育主席这样考虑的理由是充分的，无论从哪个角度讲，我都应该领受，否则却之不恭了。

无论是退休前还是退休后，有关怒族的各种各样的问题，总在我脑海里萦绕。

早期，我与云南省社科院哲学所的龚友德教授（后调江苏常熟理工学院任教）共同就怒族乃至云南各少数民族的哲学社会思想等方面进行了多年的合作研究，先后公开发表了数十万字的论文。后来，时任怒江州副州长的亚娜（怒族）女士安排我与李志恩先生（时任西双版纳州委常委、统战部部长）一道完成了《怒族·若柔语言资料辑》（1993 年由云南民族出版社出版），再后来又与云南省社科院著名学者刘达成先生（已故）合作主编了《怒族文化大观》（1998 年云南民族出版社出版，2015 年再版），接着又得云南大学民族研究院党总支书记张跃教授的抬爱，与他合作主编了《峡谷中的怒族社会》（2014 年云南大学出版社出版）。最近几年，在云南省民族学会怒族学专业委员会亚娜会长的鞭策下，我编著完成了《中国怒族》一书（2012 年宁夏人民出版社出版），此后又在云南省社科院原副院长范祖锜研究员的亲临指导下，主编了《当代云南怒族简史》（2014 年云南人民出版社出版）。

按省里的要求，《怒族史话》（以下简称《史话》）时间跨度大，同时要求篇幅简约，驾驭起来是有一定难度的。加之原本手上已有一些文字工作的任务，所以这几个月过得比较匆忙同时也比较充实。

书已经完稿，但心还是悬浮不定，书中难免存在错漏，恳请读者指正，并请国内外研究怒族问题的专家学者不吝赐教。

在编撰《史话》的过程中，得到了怒江州原副州长、云南省政协教科文卫体委员会原正厅级副主任、云南省民族学会怒族学专业委员会会长亚娜，怒江州政协主席李坤珍，云南省卫健委副主任李善荣，西双版纳州委常委、统战部部长李志恩，怒江州人大常委会原副主任朱发德、斯大保的热情指导；贡山县人大副主任丰卫祥先生，怒族著名文化人彭义良，国家级怒族非遗项目代表性传承人李汉良，福贡县政协原副主席、该县怒族学会会长曲路，匹河怒族乡怒族文史专家杨兴华先生等给予了配合帮助；还有本民族的李兆龙、李郁炯、杨凡沅、李绍德、阿春、阿亮、李彦霖、袁锐、李拓僖、李宪、和千琪、李绿野、和睦千等在编撰《史话》的过程中也给予了大力的帮助和支持；编撰时还参阅了诸多有关怒族问题的专论和专著。在此谨向为《史话》的编撰工作给予大力帮助、支持的领导们、先生们、同胞们以及专论、专著的作者专家们表示由衷的感谢！

感谢云南省社科联长期以来对怒江的关心和支持，感谢怒江州社科联原主席李文育先生、原主席陈大勇先生和全体同仁对我的信任！

李绍恩

2019 年 2 月于怒江六库